AF241759

本书惠承

乐俊民严赛虹基金会赞助出版

2024 年 3 月 第 1 期，总第 13 期

纽约一行

First Line New York
Quarterly Literary Magazine

《纽约一行》杂志编辑委员会

纽约一行

文艺季刊
First Line New York
Quarterly Literary Magazine

主编：严力

纽约一行杂志编辑委员会：

王渝　邱辛晔　冰果　张耳　曹莉　程奇逢　严力

翻译部：梅丹理　张耳　楚鸿　李玉然

项目经理：章清

艺术作品和插图：吕德安（西雅图）　朵夫（纽约）　温梦宇（青岛）　娄晓雯（达拉斯）　子卿（纽约）　张哲溢（纽约）　严力（纽约）　Chaled Res（土耳其）　Nico Vassilakis（伊利诺伊州）

责任编辑：　冰寒
封 底 图：　严力（纽约）
美编设计：　王昌华
出　　版：　易文出版社

Copyright © 2024 by First Line New York.
All rights reserved.
No part of this book may be reproduced in any form or by any electronic or mechanical means, including information storage and retrieval systems, without permission in writing from the publisher. The only exception is by a reviewer, who may quote short excerpts in review.

作品内容受国际知识产权公约保护，版权所有，侵权必究

目　录

现代诗选

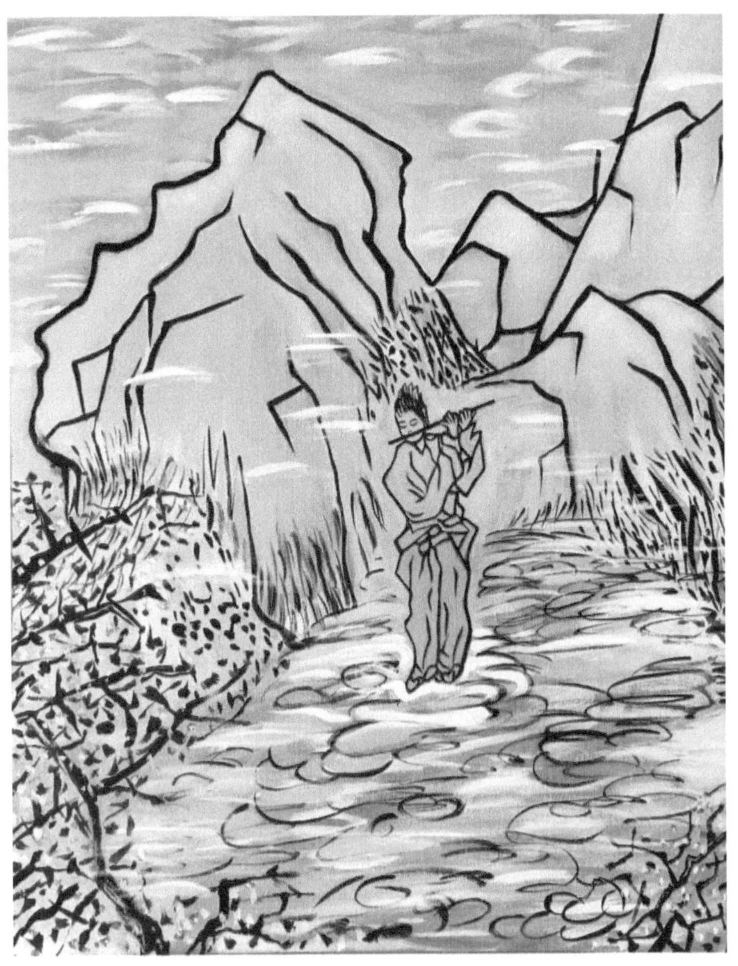

严力作品，笛声，丙烯、画布　2022

徐敬亚（深圳）

2022 年的抽屉

拉开抽屉，我们取出食物和水
我们把东西提前放进去，就像每一天夜里
把食物放进超市。我们喜欢抽屉的隐藏和不告诉
外面什么也没有，打开抽屉忽然出现

放进一粒种籽长出一群孩子
放进纸和笔，长出历史、远方和眼神
抽屉里有时候什么都有，有时候什么都没有
有时候放进去的是食物取出来的是死亡

这一年，我们放出了全部的气球和鸽子
从高空落下的是满天的跳蚤、腥气与血泪……
天呐，我们放进去的东西变成魔鬼
日月星辰、江河湖海……泼洒满天满地

我们放进一只只口罩，取出一栋栋病毒
我们放进去祈祷，走出来隔离、驱逐、呵斥……
最后，我们放进去一张白纸，抽屉开始发烧、抽搐
抽屉，连同拉抽屉的手臂一齐死去……

2022 年 12 月 31 日深圳

我以为活着

我以为自己活着，不残损地
存在着，那些曾被砍掉的部分
已经偷偷生长出来
耻辱远去，囚禁的老友早已不在
虽然我已多年看不到星空，但天空
还有很多空白没有被遮挡

每天都有不好的事情发生
我并没有被刺中，刀刃只离我半步
在应该站出来的地方，我
耻辱地按下了消失键
我就这样完整地生活于世
心里不快活，但我完整地慢慢活着

不出现就是躲避，我早已
精通自我审查术
那些被禁止的，被暗示的疼点
是我活着的边界
我以为那是我和它的共有部分，但
边界不断向我移动

生活从来没有正确过
而所有的沉默却正在确认
记忆从记忆那天起已被暗中擦去
只留下记忆体完整地苟且
我知道锁住一个人，就
锁住了所有害怕锁链的人

在全部声音中我不存在
在全部语言中我不存在
我以为所有的字还在字典里
微信被封的几天，我以为还活着
其实只有我自己能看见自己，那个我
早已被谋杀

2022-2-18

石门的秋天叫橘子

昨天，你是超市的一部分
胃和二维码的一部分
买和卖的一部分

今天，你忽然跳到树上
成为山的一部分，
湖南和石门的一部分
湖的一部分，门的一部分

在这里，你把月亮压扁
围拢成圆圈，让月亮成为你的一部分
你给太阳穿上红光满面的衣裳
让太阳变成你平常的一部分

你偷来全世界的黄金

让所有的王冠和哈哈大笑
都变成你的另一个部分

这些天，我有些悲伤
我不得不成为眼泪的一部分
许多许多个月了，我十分无奈
我无法回避地成为苦难的一部分
这么多年这么多年，我想不通
我，早已是死亡和绝望的一部分

今天，在一粒粒橘子面前
我被迫加入了高兴的一部分
暂时离开耻辱，成为忘记的一部分

你看，屈原的橘颂正在升起
多好哇，我成为离骚的一部分
你听，孩子们的声音多么稚嫩
我立刻浆汁四溢，成为童年的一部分
我站在山头，没有向前挪动一步
却立刻冲破苦难成为未来的一部分

一只橘子也能击中胸膛
一次朗诵会也能把一百个人举过山顶
当满山的橘子都点起火焰
我知道整个湖南的橘子天下的
橘子都成为了我的一部分

2023-10-29

张犀剑（青岛）

淹 没

我们共聚一道岸上
一棵树下
静等潮水涌来

为了这一刻
我们离弃家园翻山越水
不敢稍作停留
唯恐与潮水错过

潮水终于扑天盖地汹涌而来
朝思暮想的盛景
和带给我们无限想象的地平线
终于与我们融为一体

我们终于可以成为一株海草
一尾鱼
终于没有辜负潮水
对我们由来已久的惦念

2023.12

我想我可以

光弥散在我眼里
跌落在我足下
我想我可以用这光造一条路
起点是眼底
终点未知

河流在我眼前平静流淌
我想我可以捕捉天空一朵云
在水里寻获它的投影
会是哪一朵呢
我不停在云间搜寻
直到进入枯水期仍踯躅河边

风已许久未从身边掠过
是我心神飘摇时忽略了它
还是它从未生成
我想我可以行至旷野
在青枝绿叶间发现它的归隐
但我已失去方位
即使空气充盈眼神
我也只能获得它丝缕喘息

我最终将置自己于何时何地
我想我可以在被荒凉抽空的夜
寻一个飘忽的梦
我是不停向梦靠近
却最终无法入梦那人

达文（洛杉矶）

浮云消散的夜晚

浮云消散的夜晚
声音是光线的灵魂
然而寂静
地光依然是
失血的手掌依然伸向天幕

同温层的尘埃
稠密来自地面的烟
已经溶进风的河谷
波浪的呼吸在沙隙中下沉

被称为夏天的
是鸟离开地平线后
分不出天还是海

我们还在继续发现星星
我们已经逐渐失掉土地

在拉斯维加斯面对新赌场

有一千座罗马
便有一千堆废墟
风霜荡涤不尽的沙砾
再为血液的澎湃发亮

在人类共同的梦幻中
今夜我不能自持
用筹码叠起
又一堆积木

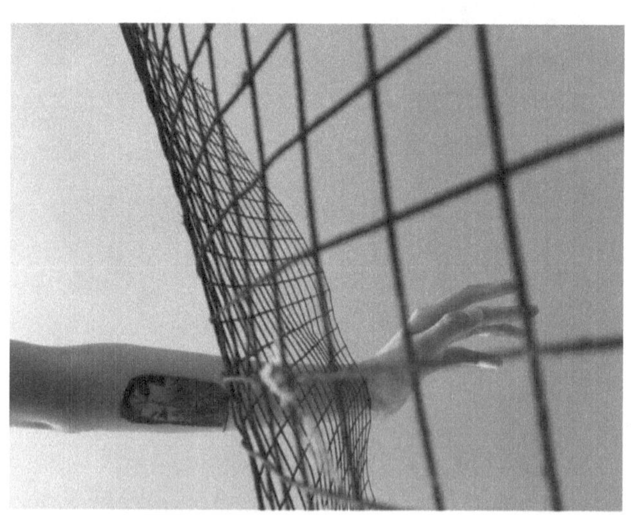

温梦宇摄影，"无题"之一

徐江（天津）

艺谭·以史为鉴

这其实是个诗歌史话题
本来是关于新诗诗人的
但因为它涉及到了
戴望舒和艾青
两位现代性比较强烈的作者
变得有意思了
那是抗战时期
现实的强烈刺激
让新诗诗人放弃了
对艺术性强调
戴望舒对此有自己的看法
他说比照蒲风
他还是更欣赏艾青
其实那个时候对于诗歌
还没到最恶劣的时候
后来反饥饿反迫害运动时期
袁水拍风行一时
闻一多也不幸挂掉
再有没有人比较
艾青和某某们诗歌美学的高下了
新诗也就是从那一刻
彻底沦为宣泄的工具
人们太需要呕吐和排泄了
他们理直气壮地以为

艺术必须满足这些
殊不知
那也正是偏离和
宿命的开始

杂事诗·工业设计

正抱着手机
对着图片琢磨
工业设计的事
电视上新闻联播
忽然出现了
一架漂亮的
灰色战斗机
它在天上飞着
像深海里的鱼
在跑道降落时又像鸟
从透明的罩子还能看见
戴同样透明头盔的
飞行员
这才是顶级的工业设计吧
人们费劲地把它设计这么漂亮
只是为了让一枚
同样漂亮的导弹
击碎它

JO（田纳西）

前　戏

你看那个诗人，
像个调情高手
才向你要去了第一眼
你便开始紧张，
他那么轻易将文字
挨个安放在了你敏感的每一处。
明知是蓄谋已久
你却心甘情愿迫不及待追随，
讨要着一个又一个更多的答案
而在那快意沉醉中
你总会突然合上诗歌——这算是前戏
你说高潮可以晚点来

有的诗歌生长在山谷

潮湿。
阴暗。
静悄悄。
也不是拒绝阳光。
就是没那么向往。

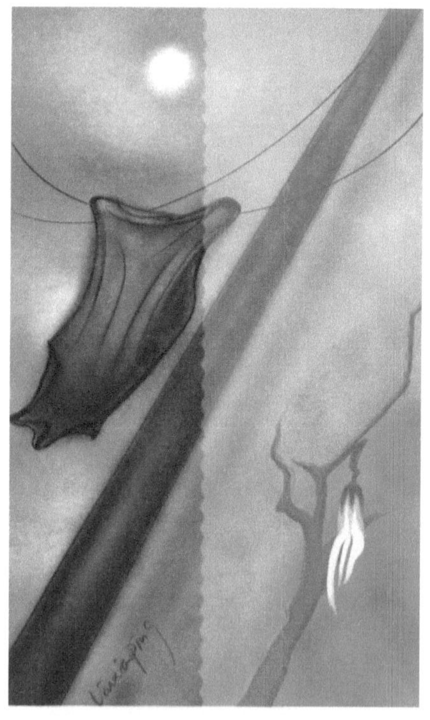

刘晓萍作品之一

菜小龟（北京）

起猛了

起猛了
把明天晚上的梦
带出来了
提前知道
明天晚上的梦里
没有你

美到了

刷短视频
经常刷到一个女孩穿水手服
扎双马尾
倒立手机放地板拍摄
有一种直勾勾的视觉冲击
你感觉自己就躺在地板上
小姑娘很美
让你想到美字倒过来
也还是美

超级笨蛋

今晚有超级笨蛋
他一出现
所有笨蛋都黯然失色
他一出现
所有目光都转向了他
哪怕之前见过
超级笨蛋也难以抵挡
人们期待超级笨蛋
在他们眼皮底下干一件蠢事
讲几句蠢话
然而超级笨蛋
只是出现像超级月亮那样
展示的
只是笨蛋的光茫

常遇春（西安）

乘　船

乘船到湖中心
然后静静的看着风景
夕阳照过来
有种落寞的热
现在钓者是我
鱼竿是我
钓饵是我
上钩者
也是我

触

懵懂的年纪
在教室里第一次触摸
某个坏同学
不知从哪里搞来的避孕套
那圆环状的触感
让她内心潮汐不止
很久以后，
她给男友形容那种感受
"盲人摸到了盲文"

王小拧（上海）

热辣滚烫

这样一部仿作
将吃瓜群众的目光
聚焦到贾玲的身体上
这是一盘大棋
她失去喜感
变成了一个木头人
但她的每一寸肌肤
都洋溢着
人民币的气息

敏感墙

在光合作用艺术展上
贴在墙上的某英文报纸
被指 Z 治敏感
策展人取来青苔
给某些区域打了补丁
展览顺利进行
期间有的青苔长势良好
有的渐渐凋落

辛晔（纽约）

我的老房子

修补敲打着同一个的频率
拼花地板收藏了自己九十年
蒂芬妮大玻璃窗的名声
继续面朝東南
今天晨光按住米色的牆
投射羅斯福時代的花窗
十三格陡峭的樓梯
用顽强的角度撑住二楼后
聆聽从奔跑到拖沓的足音
大门油漆了几层
咖啡色依旧透出前朝的微光
一把锁守住了旧主人几十年味道
横梁上的那疤默默俯瞰三万天里
不变的演变

喝惯咖啡的历史
第一次闻到绿茶的香味
我的兩只貓
一隻凝視著另一只
穿过新与旧的屏幕

*木心对曹立伟说："新东西是死的，旧的是活的，通人的。"

2024.2

手术台上的汉语

挑选了感恩节
一个叫不删诗的微信平台
发布了严力的诗论和
三十首经典
重磅中不乏这几年
贯过双耳的炸雷
和点亮我眼睛的火花

为避开敏感词的铁链
诗的雷火变成新天空的风景
比如用 H 代表「轰」
因为跟着的「炸」太危险了
S 竟然扭出了「上」
上帝也得靠暗示在汉语活着
「墙」是阿 Q
广之「场」一哈腰厥出 C
毕竟这两个词
藏了太多现代的中式血泪
即使留着本尊也须化妆一番
因此「龙」须涂了黑墨
「世贸大厦」被切割成三块
谁让美丽国物业太敏感

在畸形里我更看见
送汉语上手术台是
行为艺术

它为严力的诊断提出证明：
不用一个敏感词的诗浪费了题材
而被别人的手断送了己见
则是用了太多的真材实料

2024.1

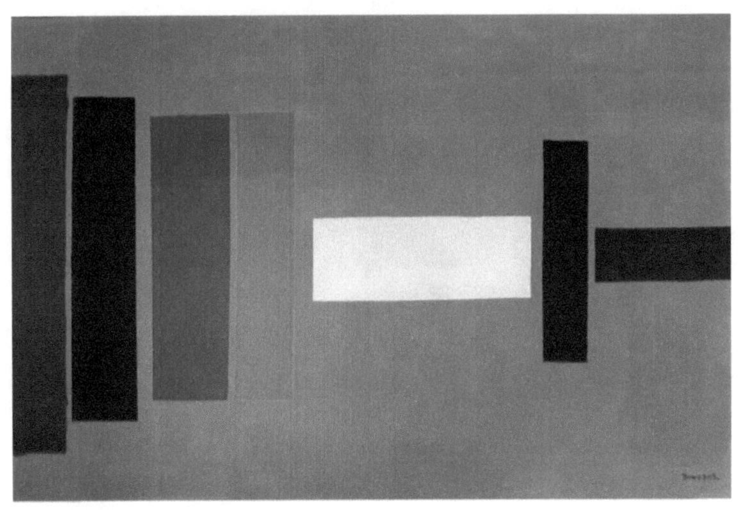

朵夫作品，"无题"之一

洪荒（郑州）

热　土

我对土地
有着天然的痴迷
只有它会给我更多
经验和智慧
接近它
就是接近自己
接近忠实
哪怕犯下弥天大错
它一定是经典和正确的
而始终会有天灾人祸
兵戈交锋
我更应明白
除此之外，它是疆土

一初（南达科他）

让白色叫出声来

来我鸦雀无声的乡村
我们一起用力
将天上的雪花都摇晃下来

让这个夜晚抽出白色
让白色叫出声来

只有这样
冬天才能接壤春天

我们体内沉睡的野花才会苏醒
开谝荒芜的山坡
静谧的海水将会不停的澎拜

只有这样
我们的火花才会浇灭连天的炮火
我们的汹涌才会冲走这世间的暗礁

我们要更响一点
压过所有的狼嚎

我们要更白一点
让乌鸦飞不了

思静夜（武汉）

超验之梦

充满肺腑的情爱，熄灭
于一个超验的梦。

你懂那些密码。风，火焰
沙土，镜子，被光照亮的水域。

蜷缩着，成为一幅挂在墙上的画；
漂浮，于墨海般的宁静中。

你倾听午夜的声音，那与遥远
星空融为一体的神秘召唤。

你知道如何消融自己。你与虚空
结伴多年，而今它终于显露

最真诚的友谊：帮你打开那扇
被称为无门之门的门。

某种不知名者一再谅解你，像母亲。
谅解你的朝三暮四，你的优柔寡断，

你无法解脱的嗔痴与眩翳。你依然
如此：不虔诚不完美，懦弱虚荣执念。

但你已亲历那挂在墙上的画，知晓
那份无边无际，出离生死之旷野。

没有时日予以浪费。但你不知道
能完成多少，甚至不知道究竟要

完成什么。但你已确信某些东西。
一个超验的梦。确定无疑。

2024.1.3

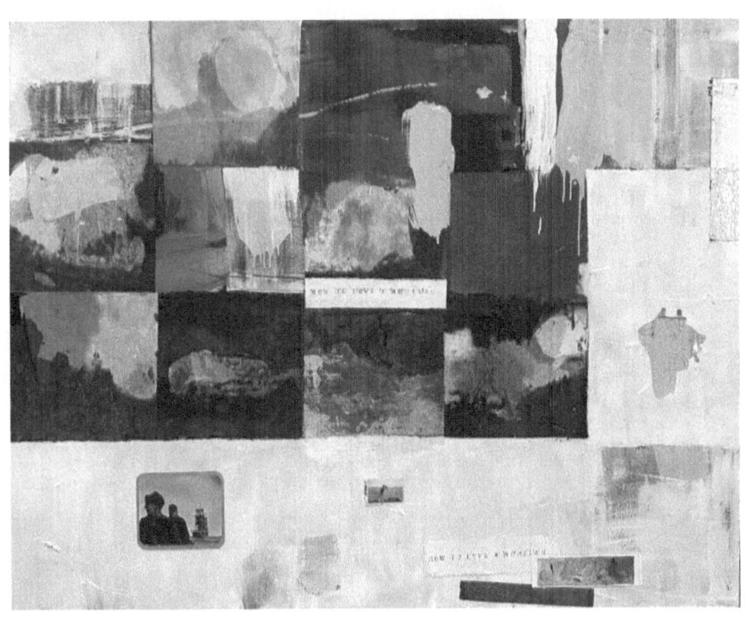

吕德安作品，如何去热爱一片故土，综合材料，180x140cm，2023

寒山老藤（纽约）

雪

有关雪景的构想
 早在秋末 就被定稿了
何时下雪
由不得我

也由不得雪
下雪的意义 不单是为了
凸显 那一溜领路的足印
但有时候 不得不是

特别是 逼退了
红极一时的枫叶后
营造一场 全票通过的冬雪
成了一件 良心事

雪也无法拒绝 春暖花开后
地上 只留下一滩污名
命运属于自己
成败 却由不得自己

窗　后

他们的灵魂
隔着皮囊
他们的咖啡 和喜怒哀乐
隔着玻璃
我站在窗后 看着街道
仿佛秋风 只凋零路人

在窗后 像一只
被遗忘的陶罐
没人知道我的存在 之后
也没人知道 我已不存在
仿佛 路人在剧本里
而灵魂 在此刻正悄悄靠近

2023 年 11 月 3 日 于纽约

雨　夜

惨淡的阴雨天 从未倒闭
一些湿润的情绪
在那里抱团取暖
诗行在玻璃上爬行
背对窗外 躲不过墙上的忧郁

雨声封锁了话音
知己是多余的
又怀念起 窗棂上
那块不愿暗下去的光影
像一盏 不灭的灯

2023 年 11 月 4 日

云中雀（加州）

一个同样的傍晚

假如傍晚秋雨婉约
而钟声刚好响起
一起落在油纸伞上
那么听到的
是雨声里的钟声
还是钟声里的雨声
一个白痴提问
静音在线等……

你若实在憋得慌
不如自己去走一走
你的黄昏小镇吧
该不会巧到和这边
一样的暧昧缠绵
浪漫或是忧伤
取决于另一个白痴
此刻在还是不在

至暗时刻

当你凝视深渊的时候
深渊也在凝视你
尼采曾痛苦地警告

面对绝望的不复之劫
我们影子互相僵持
直到黑夜来临
直到溶化而无法凝视

这时黑暗替代了我
也替代了深渊
它知道什么也凝视不了
只有凝视自己

孤星在走向黑洞
光有了堕落和赴死之心
我爱着这至暗的时刻

雪

我大学同学
爱上服装系一名女生
毕业时随她去了哈尔滨

仲夏夜二十周年聚会
老同学欢声笑语
他一人对着空酒瓶默然

匆别！ 咕咚一声
把悲伤往事一口吞尽
他又听到冰河上的落水声

这时他摘下鸭舌帽
呵，一头白发
仿佛把哈尔滨的雪
带回了热恋过的上海

左拉（加州）

春天哭泣

春天扶着屋顶哭泣
噼里啪啦
叫起了深梦初醒的人
它哭喊着
冲淡了在冬天酝酿太久的阴郁
熄灭了加州森林里累积的燥动

春天摸着窗户哭泣
淅淅沥沥的眼泪
把向往太阳的心
囚在了屋里
像在导演一场祭祀
祭奠着
一朵只留在记忆里的微笑
一个陷入黑暗的身影
一段无法追溯的阳光灿烂的日子

春天搂着金发红唇的妻子哭泣
谁不爱白头到老儿女成行
为什么你要放他去自投罗网
世界总是对称的
心灵总是可以选择
有多少自私

就有多少正直
黑暗和光明同在于心

春天掩面而泣
是为满是勇气赴往火焰的人儿流泪
还是为被欲望拽进黑洞的人儿悲哀

春天大声地哭
洗遍大地上滚烫的心灵

3/1/2023

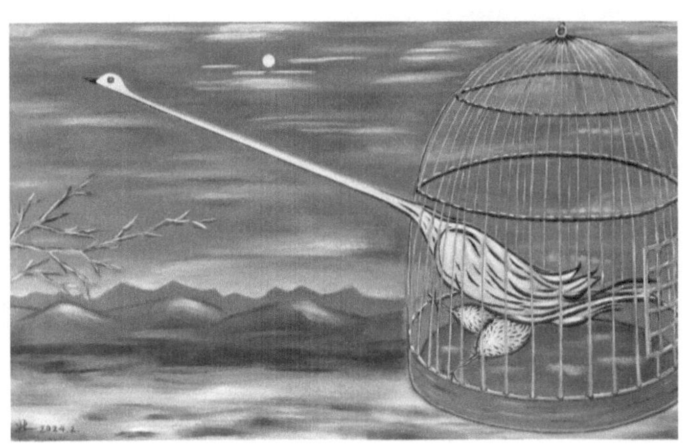

严力作品，处境，丙烯、画布 2024

晓雯（达拉斯）

老灵魂

我的身体
住着一个老灵魂
千百年来，它好忙碌
游荡过了
好多具身体

它曾栖居于，诗经里
氓的妻子身上
公元前的哀怨汤汤
漫不过淇水漫长
它也曾到过东汉，中平三年
那个冬夜，秉烛少妇的身上
她正和刻工丈夫并肩站立
手指抚摩过张迁碑——
这是刚刚完工的那一块
烛火萌动，两张脸蛋依偎
如同春天一般
它还曾，飘进唐元和十年
浔阳江畔的深秋
是谁在水上弹起了琵琶
又惹得谁，泣涕涟涟
这无可挽留的，天涯沦落人

老灵魂历经的——她们
都不曾在历史里
留下过自己的名字
不知道在何时
它也嵌入了我的体内
当我打开女人们的历史
风雪便扑面而来
于是我知道了
老灵魂，它的使命
还远未结束

山檜（成都）

春　愁

冬日如晦中
憂悒的細點
藏匿於街角轉彎處的
每一粒石子
雜樹叢林中的
每一聲鳥鳴
快樂中它超然塵世地
酣然入眠
暖日當喧
融化堅若磐石的
層層冰牆
憂悒也於夢中蘇醒了
伺機而動
紛紛灑落於千里春花
萬里長空
又淹沒於流水落花裡
悄無聲息
如花美眷
幽閨自憐
纏繞在那年薄暮裡
裊裊的炊煙
十里長亭的依依楊柳
霏霏雨雪

塞外古道的
長河落日
人生而苦而短
憂悒是它的影子
無所因而起
無所因而滅
方欲放逐
卻又在春日里
如影隨行

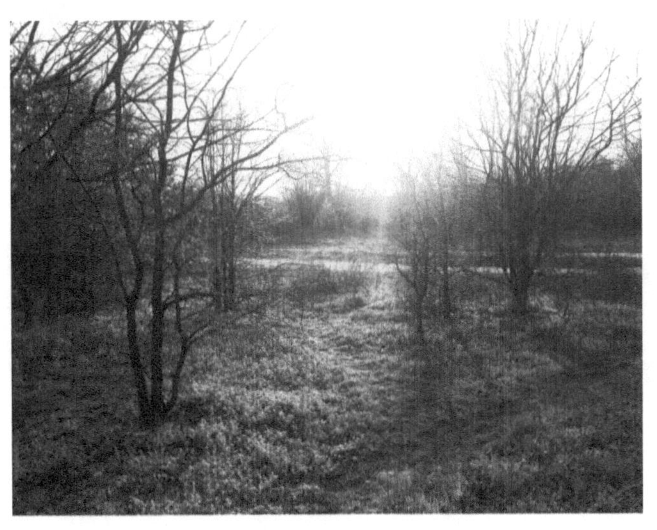

娄晓雯摄影　　"太古的目光"

文蓉（新泽西）

看"孤独"二字有感

在我的狭窄的屋子里
语言的帆迅速升起的时候真会遇上大麻烦
我需要隔着最少一片湖与你交谈
让帆船甩开的波涛经过岸边菖蒲草；
经过一只蓝鸟的歌声、和清晨未稀释的空气，
由它们布成的细网过滤后
轻而柔弱的落下几个，像晨光一样精致的文字
若狂风骤雨让我们不得不困在我
狭窄的屋子
我也不会轻易向你多走几步
距离的美只有那支落魄流亡的队伍见过
他们被种在历史深处，在绢布或泛黄的宣纸上，
隔着防弹玻璃开着幽兰
现在，我们之间因为天气的困顿
在我的狭窄的屋里，
我们刚刚开拓的湖泊、岸边摆放的石头，
还有种下的许多灌木
它们正缓慢地走向时间的磨坊
让整体再也无法分割

黄昏 Sonata

黄昏拉着大提琴。
在天空的三分之一处，一段煽动的休止符
若越冬的雁群还在延续，
这段无边的静止会比一面绿湖更不可思议
我看天野昏昏，
像午睡时间贪玩而在晚餐的桌上打瞌睡的，
谁的童年
没有什么比质朴更干净
比纯真更坦白
像此刻的黄昏拥有白皙的手指
指出旷野辽阔，妙音在粉、紫交错的云团
而云团下的人间
颗粒分明

翠儿（日本）

跨年当浮三大白

叙述的深处，再喧哗些
酒巷莺歌，风要袅袅
要甘于展怀，抱得住一城星子
让失语的浪子混迹其间

不说高山厚土吧
只说不醉不归

遥远也是一种交融
默默无语也是，只有我能给你
嚎啕一般的祝福
我的声音像扔出去的石子儿
像跨年的钟声

让今晚的我，此时的我
更加透明

笑虹（纽约）

常开不败的可能不是生命

窗台一角
两朵玫瑰在瓶中斗艳
一朵甲，是春天生的
那一剪，几乎要了春天的命
一朵乙，是人造的
设计精美，能以假乱真

两天后，甲的脸色暗淡下去
接着，额头，眼角长出细纹
苹果肌下陷，身体微微佝偻

第五天，两片花瓣脱落
甲在狠命地将自己从一道伤口里抠出来

第六天，甲用体内隐隐的扎痛，尚存的一点水墨和明艳
填满最深的一道皱褶

第七天，甲被放进一只塑料袋
乙被冠以"冻龄女神"
在花瓶里盛开
一直盛开

赵小北（德国）

我　说

没日没夜地画
一幅接一幅地画
怎么能不骄傲呢
卖一幅画
几天的伙食费就解决了

他们说
复刻是可耻的
"嗯，
活着也是。"

很多时候，连线我妈
是一天中
很要紧的事
她的窗外大雪纷飞
我的窗外大雪纷飞
就像我们望着同一个窗外

聊起我们曾住过的土坯房
四处漏风，墙上全是霜
老鼠冻死在炕上
似乎，一遍遍地聊这些
是我们当下最好的解药

去他妈的

一个男人他口若悬河，可是
我们才刚刚认识
且，我并没有请他指点江山
最初，我还是比较客气
毕竟，有个活物在地球的一端
用尽力气，点拨
撕扯，还给我开了一份书单：
赖特，莫恩，特朗斯特罗姆

……
他大谈谦卑，谈古代哲学
他不容质疑，他异常愤怒
我直呼其名
他异常愤怒我不够资格直呼其名

够了，真是够了
去他妈的！
好了好了，现在你知道了
有他们在，我为什么会大器晚成

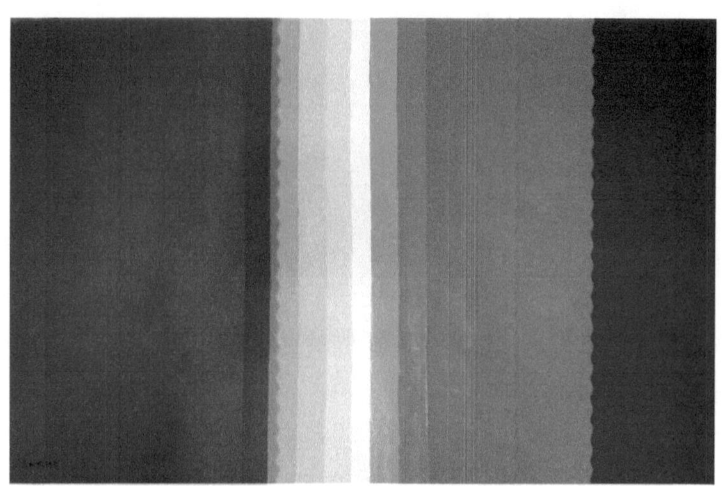

朵夫作品，"无题"之二

谢炯（纽约）

冥　想

白桦树修长
橡树大方端庄
运送伤员的直升机上方，螺旋桨

刺穿
黄昏的
独自冥想

听到一声喜鹊
惊开少女的手掌
然后是蓝鸲鸟花哨的小调
沿着城市的边缘
绣出夜的金廓

月
日渐饱满

2024.2.27

大地的纹身

仔细看，大地最执着的刻画师
是一头黑犀牛

它每晚八点出发
渡过蛇河和鳄鱼的臭水塘
盔甲皮肤上满载皎洁的月光
缓步森林

它是位盲者
视力近于全瞎
凭借的仅仅是嗅觉和听力

它每天行走的道路不尽相同
忽而向东、忽而向西
忽而别处心裁
踩出别致的几何图形

它总是安静地走到霜露滴落叶面
地衣染绿脚踪，才按原路
折回。它从不迷路

我想象它
停留在某座蚁丘
鼻翼鼓起，深深地吸入
蓝花楹的夜香
猎户座射出的流星雨点燃它
不甚优美的背脊

仔细想，黑犀牛
是位杰出的艺术家
它刻画的纹身纷繁复杂无法复制
我好奇

是什么让大地脱下内衣露出肚腩
选择一头外形笨拙，半瞎的
黑犀牛为她纹身

2024.1.1

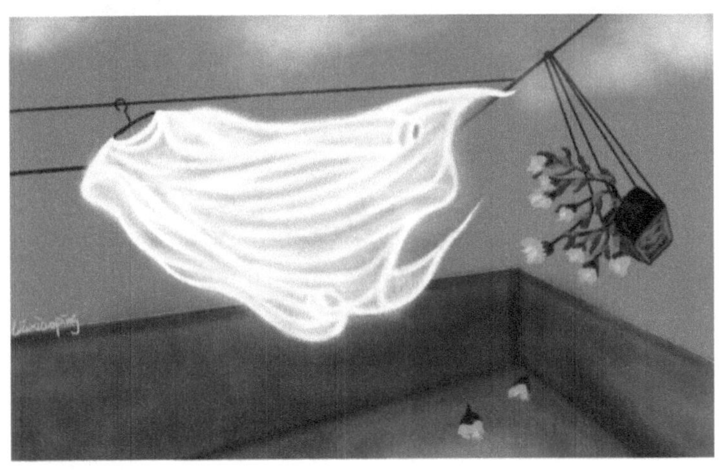

刘晓萍作品之二

夏周（纽约）

永恒在陌生处

有没有永恒
谁有机会亲眼见证
陀飞轮上的某根指针
愿代替时间牺牲

看清面具下的灵魂
别沦陷在陌生的眼神
因为死神
感受不到体温

每当气候转冷
落叶替时间解答所有疑问
剔除了未来的种种可能
不要等姗姗来迟的谎言

彼岸路深的小径
黑色的花香揉进了风声

我不认识我了

每天路过的码头
变成陌生场合
我的语气 变得不像我了
我的诗句 一次次被潮汐退回
遭遇一连串触礁
模糊不清的汽笛声
回到纸上
却怎么也记不起
我的笔尖是何时
画出这些海浪

午睡的海
像一面镜子
船舶剖开搁浅
的日落

纸船坞 驶出一条真船
无法逼近对岸
最终和诗句一起
沉睡在深海

我不认识我了
遗失在远方的岛屿
而我眼中的水鸟
是海天拼凑的雨滴

入夜的风翻涌

吹来呛鼻的回忆
海峡的缺口等待愈合
蟒蛇状的雷电
渗出毒液
直到裂纹完全冷却

蜷缩在海螺中
不敢面对灯塔的光
以免使得自己落入
海蛇之口

忘记了自己是谁
伪装成寄生螺
用渔夫的网
捕捉滔天巨浪

唐明（包头）

翅膀——纪念一只死鸽的素歌

惟有你。……呼啸的翅膀。裹胁风雨之幕
如鸽子血。鸽子死亡！
而仍在地狱或天堂，……飞翔。
这死寂的物质。如钢水，不愿停留。
暗自鼓励奋先之勇。……在梦觉中。
渴望如锥子。挑破黑夜——
周身的羽毛鳞片。……扯碎。

呈勇一飞。让高洁、远游、神圣的灵魂
如鸽子树上的花蕾。划破白昼倏忽的闪电
飞入顶端的结晶体。瞬间下坠
超越矫健的裸肉
飞翔！漆黑的黝翅
幽暗。刀锋之影。……灰烬。

肉身下。献身的物质——
精灵般在穹隆，钻出一个个洞
延伸者与破击预言的盛装
雪白与灰色的衍生物
把思索和灵性。聚合于一身的空间的一鸽

展翅如一片纸。折叠的飞行器
使金属的肉翅上升

易如反掌。合拍的云掌
指向左翼的轨迹，令右翼鼓噪如水……
搏击长河圣殿的胳膊，羽毛之刀
……呼啸。尖叫。丰满如肉垫的翅膀

抽出雷霆和闪电的销钉
插上旌旗的壁垒
使之高奏凯旋
一道狐线。穿越时光茌苒的窗子
橡子一般，镶嵌在掌心
将信笺送达。它将它的四肢
化为我的四肢
咕咕乃鸣，聊胜一只铁鸟

秃头之额，语言之喙
蜡制的卉尾，如彗星。在天际游弋逡巡
如一枚尖锐的硝石或一尊锈迹斑斑的铜雀
若一个诗歌的秀士，若销钉
在地图上旅行，劳役……
在我的肉身之笼。驻扎！
展翅蓝天，居住人类之家

不断把鸽哨，攀上云霄吹奏的唱诗班
那爱慕一切的，自然为群体的纠集所引领

董晓禾（上海）

人间佳肴

我要能够接受我轻如鸿毛
就像突然拥有了隐身的魔法
我要接受你如暖风般飞来
带着虚假并短暂的快乐
伟大的现实庸俗高于一切
我理解你的胆怯与梦想间的心跳
骤起又骤停……
从接受到理解
从理解到礼貌、沉默、距离……
我改变着自己 为你
平静如水 从山川落入平川
这千丝万缕中的结
慈悲 是一把梳子……

我对你的爱 就像你对我的
镜子里的我并不存在
但她和我一模一样
我哭她不会笑
我亲 她也吻……
给爱裹上孤独
放进时间里煎熬成寂寞
撒上恐惧 浇上心慌

最后用失望勾芡
吃吧 这人间佳肴
吃完各自奔天涯……

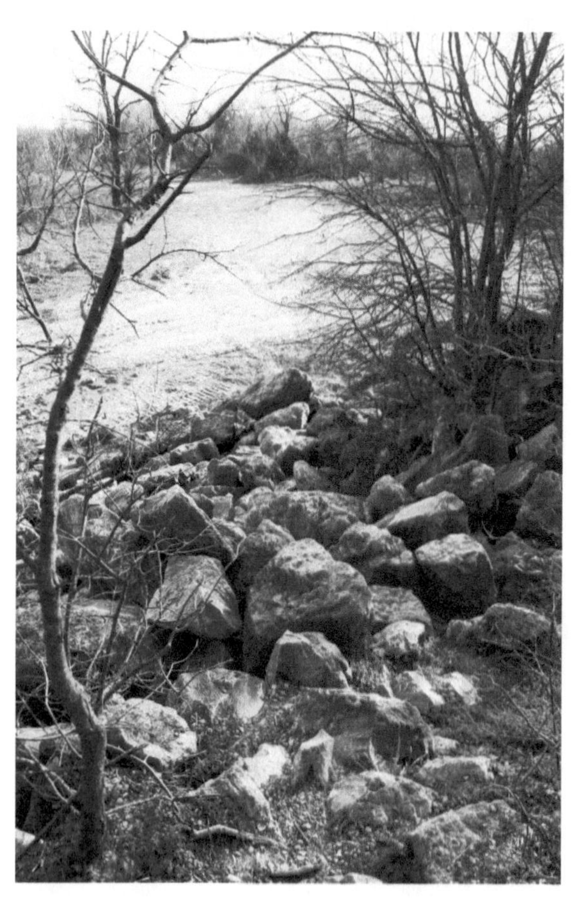

娄晓雯摄影 "树石平远"

程川（成都）

草堂怀古

访古时，旧马路斜穿堂前，瓦楞排列起一溜柱状真空
如蝉的句读，总结篦子里细密的古意
群山远道而来，后视镜里，相悖的事物
常使我疑虑置身于此的理由
复垦日渐钙化的中年？效忠酒后参差的呓语？
而立之年，众我之中总有几段用旧的自我
与蛇形幽径达成黄昏公约
在死者依次拐过红墙巷时，隔着木栅栏
从檐下摸出几枚鸟鸣
装订在律诗的呜咽声中
走得慢一点，自己的位置上便会覆盖着别的角色
合并同类项的游戏乐此不疲，一只长尾玄猫
整个下午，都没能缩回它的影子里去

李永才（成都）

春天的语言学

不要幻想奇迹。乍暖还寒时
吐露心机是危险的
那些贸然探头的小家伙
要准确辨认春水，该有多难？
沉默，对于所有的枝头
都是一种智慧
不要为片刻的灿烂，而急于表达
不合时令的话语
一个虚词，都显得多余
在追赶春天的途中，要学会等待
等待是一门学问
要等春风吹亮季节，长河吞吐远山
等到白鹤变灰，鸟鸣破土而出
在迷茫的天空
一只蝴蝶的离经叛道
就足以让整个旷野，重回巨大的寒夜
探索与目空一切，都深不可测

就像纸上的柠檬
多少酸涩隐于其中，但并未急于剖析
不必惊诧万木清新
梦中结出果实，有多么漫长

橘子与乌鸦

在最后的花园，阳光制造的橘子
透出金色的光芒
谁来再涂抹一点颜色？天空的蓝
从上个世纪写到现在
仍就闪烁其词，无意说出某种嗜好
我的幻象里，橘子与乌鸦
形成自然的对视，是多么艰难
它放弃了怀旧，放弃了甜美的言辞
不在乎人类的赞扬与贬谪
以俯首帖耳的姿态
接受一树芙蓉的红白相间
我顺从于一种果实的善意与谦卑
橙色的事业，无需太多的颂词
深入其中，就可以掌握
绿叶与阳光，交流的所有细节

冷杉（美国）

悬丝木偶

那轻提细线的隐者之手时时翻转
线头连接处：瞳孔、四肢、神经、心室
我们。我们哭，我们笑，我们沉吟
震惊或在暖风中作沉醉状。彼时的
我们被什么牵动着？白鹤独舞
槐花扬，蜜尔瓦在唱《Bella ciao》
生蚝微甜，荞麦苦，马蜂之毒
剧痛中带奇痒。一条中年抹香鲸
曝尸于野：夜有多浓黑，死亡之味
便有多酱红——是谁自诩驯鹿
永远无法被圈养，又是谁在夜之獠牙
锉锉刮骨时喉管板结，舌尖喑哑
电子荒原上，圣洁的唯有虫嘶
连鸟鸣与兽吼都掺杂太多弦外之话
鏖战已歇，杀气多余，收起你
起伏不定的志向，藏起你的利爪
像昏君从此懒理朝政——
旁白空落落，线头纠作团。排戏的隐者
已疲倦，我们的表演谢幕，观者散场
便如盲鳉一生泅游于想象的河床
便如藕节在泥浆之中，等待偶然而
必然的猎获。我们是，悬丝木偶
认真静默，尽吞生之甘饴与涩果。

影子戏法

影子之中淌着不可见之血。
神是一尾小鱼，不在任何一条
可能的河流中。

少年，怀揣比死亡更锋利之物。
掏空口袋，听那口吃者
一遍又一遍高烧不退的朗诵：
当心！那只扮作傻鸟来吃你的猛禽！
当心！那堆随时复活的木头人！
冰在手中磨成了西班牙小刀。
瞳孔摘取星星的幼苗。
在第十二个月，宇宙的盛年，发起
天鹅绒般温热丝滑的革命——
以大象，碎石，黄钟和瓦釜，
以一首毒童谣对世界的敌意，以及
昆虫汁液般浓稠的爱。

中年裁缝用戒律补灵魂。
影子戏法，将死者转化成他者的养分。
我们离开白天，在黑暗中做自己。
我们遗忘了一切，空瓶掷向大海。
多少年了，那只白鸟始终立于
平静的海面为我们报时：
大洪水后，母语在故乡磨平了四蹄。
爱若恶魇，彗核拖彗尾——

离开总是不完全。
裸露的树桩是一棵树的荒坟，
而我们写下忏悔录，如同一次蜕皮：
第十三个月，众生无影。

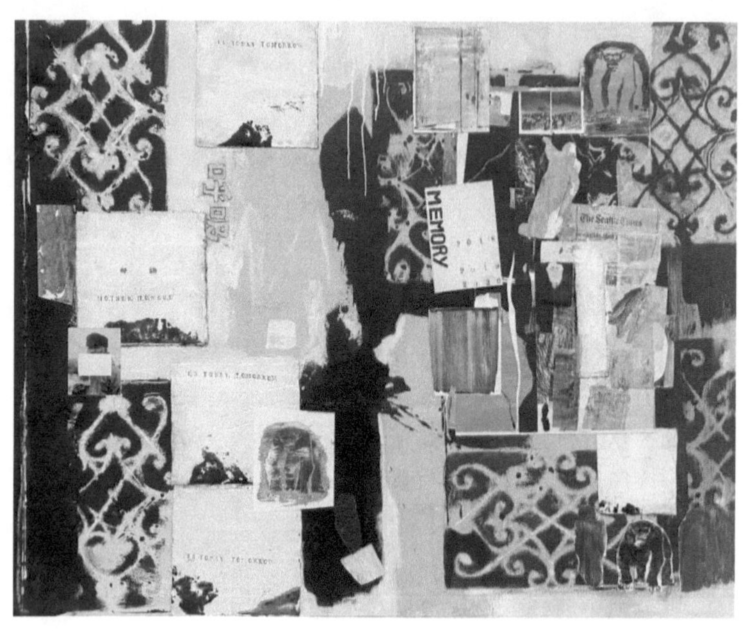

吕德安作品，记忆，综合材料，200x160cm，2023

左右（西安）

糖

我常在口袋里
放一颗糖
并不是要告诉众生
我的童年有多苦
我的余生有多惨
也不是
我有任何需要糖来缓解的疾病
也不是
我有任何需要糖来缓解的情绪
我只是
时刻
对美好的生活
充满了向往

这不是错觉

不要把耳朵紧粘床底
即使是这个世界万般死寂
在很深很深的地下
也有我们听不见的颤动
它或许趁我们打哈欠的刹那
或者睡眼惺忪的转眼间
变成床
变成铁器
变成螺丝的骨骼
在我们耳畔
发出"嘎嘣~嘎嘣~"的笑声

辛刚（甘肃）

失眠札记

午夜时分，我读布莱希特的诗
一边听着大风席卷树林和房屋
土耳其地震了，大雪覆盖了楼房
消息像雪片般纷纷落下
手机屏幕变黑，我又将它摁亮
像是在两个世界，布莱希特说
"黑暗的时代如今继续着"

2023.2.12

北野（河北）

除夕路祭

黄菊花，白菊花，摆满街头
午夜之后，它们要献给去年的亡灵
我们不知道这个城市死过多少人
我们只知道，每一朵鲜花
都会被一个亡灵抱走

漆黑的路面，像一片荒野
寂静的菊花莹光闪闪，手机里
响着歌声和哀乐
有人蹲在阴影里小声啜泣，有人
抱着桥栏，向夜空倾诉

一条流逝的江水用于祈求，一片
闪烁的星空虚构如故居
一座迷幻倾斜的城市，是活跃在
人间的废墟

雷声从云层里垂下来
它抓住了大地上的楼群，像无数绳索
抓住了命运中突然涌出的钟乳石

小女孩抱着一束菊花，独自走向
夜幕深处，她的身影慢慢长大
转眼就变成了一个步履蹒跚的老妇

大街上

大街上都是求职的人
他们从劳务市场的吵闹声里
溢出来，他们是脾气暴唳的人
阴暗的人、失信的人，他们
内心诡计多端，他们笑容小心翼翼
考虑到子女，他们远离盗窃
考虑到父母，他们放弃杀人
考虑到贫穷，他们仇恨富人
考虑到金钱，他们抱着手机垂泪
因考虑太多，他们的
额头上，升起了乱纷纷的皱纹
大街上的人，因此川流不息，快速苍老
一条蠕动的柏油路
像乌黑的人影拖着一条鞭子

桔小灯（浙江）

秋天，一颗不发芽的土豆

显然是意外
番茄溃烂出半个身体
地瓜的芽紧紧挨着地瓜的心脏
假设地瓜是有心脏的事物
鱼缸里久未见水
鱼也成了幻想主义
一颗土豆的幻想主义是等待
还是束手就擒
迎接切丝，焯水
香葱封顶，生抽提味
现在有种更鲜的调味品
几颗就能使食物和食物不一样
使食物混淆于食物
像人群中的每个自己
我明明使劲表明我的不同
我和别人并无差异
这是殊途同归还是同流合污
被热油淋过的土豆丝一片寂静

像答案
又像问题

皮旦（安徽）

悲　剧

卡夫卡喜欢去木工厂
干一些粗活
然后继续他的写作
刨光木头时
飞起的刨花和香气
锤子敲击的节奏
锯和斧子发出的噪音
都让卡夫卡着迷
朦胧派诗人顾城也喜欢这些
还很年轻的时候
顾城为此做过拉大锯的木工
不同的时代、地域和语言
严格地隔开卡夫卡与顾城
不让他们因曾经都抡起过斧子
而混淆为同一个人
他们必须完成不同的悲剧

2024-1-15

两个萨克斯不一样

他吹一个萨克斯
影子吹一个
两个萨克斯不一样
不是因为
他与他的影子不一样
两个萨克斯
不是同一个发明者
也不是同一个时代发明的
有人特意为影子
发明了萨克斯
尽情地吹吧，影子
一碗碗菠菜汤冒着热气
吹萨克斯的影子
允许单独喝一碗

2023-12-17

下雪记

这场大雪多年前已经
下过一次
现在又下一次
这是一棵树
最先发现的
当年被这场大雪压断的树枝
又一次砸下来
不过断裂时的声音没有了
断裂之处散发
的香气也没有了
不能确定我是
怎样知道树木里
生长香气的
现在好像有了线索

2023-12-17

陶泥（上海）

雪　茄

春点亮花蕊
秋落满树叶
夏点燃树根
冬盛满雪花

那个
老去的少年
用打火机
点亮身体之光
（我的打火机是青春的一个个响指）

黑暗中
手持远古的灯笼
叩响灵感之门
燃烧如
洞房花烛夜
滴落的蜡烛

烟是向上的事物
我的肉体是烟灰的坟山

酒是灵感的血液
我的酒杯是你

盛满阳光
的绿罗裙

我触摸在这世上的
指纹的年轮
都被我吐成
一轮轮烟的光圈

2024.

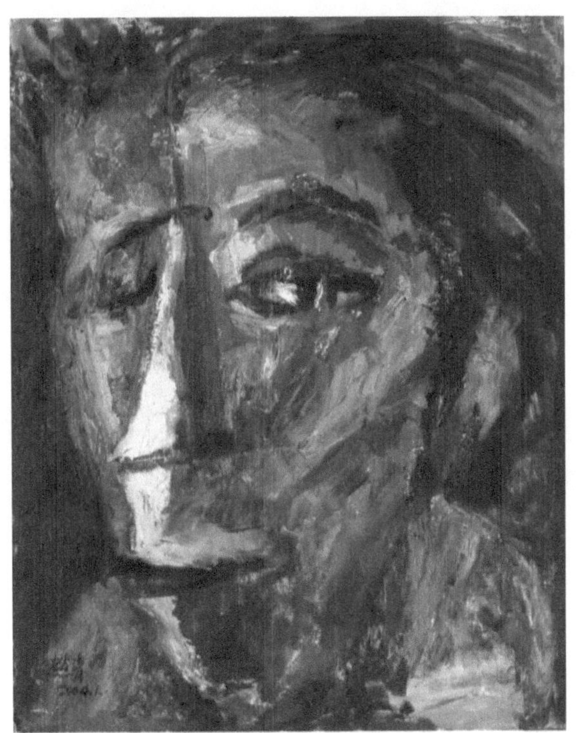

子卿作品之一

郁郁（上海）

遇　见

年轻时的遇见 鲜活、热忱
不过也难勉乱七八糟
我是说年轻是一块海绵
吸水招灰，挤干了
醒来依旧饱满
如起伏的胸脯
有过满腔的倾诉
有过沉下又泛起
数不胜数的懊恼和不甘
过去了，留下了
且风且雨，心境渐渐亮堂

后来的遇见
路数大抵如此
所谓熟悉和陌生
完全取决于兴趣
利益把人弄得面目全非
立场和追求
成了随时更换的路牌
出发被动机做了手脚
目标被贪婪抹得漆黑一片
眼泪流干了
那就开始流汗
中年比拼的是质地与耐力

一生的遇见
其实就是一部电影
尽善尽美的片头
莫名地成了残缺不齐
处处伤心的故事
音乐断断续续
揉成一团的感怀
和不尽人意的片尾一样
不是意犹未尽
就是扼腕欷歔
没什么，无所谓
有怀想才有遇见的珍珠

2023.11.28

生就是死　死就是生

起先只是丝丝的隐痛
在前胸后背之间
病毒像尖尖的光标
东戳一下西扯一把
脑袋壳也开裂了
腋窝下的淋巴成了一坨坨疙瘩

临到夜晚痛点瞬间爆发
一波波袭涌的潮水
非得把我的身体冲成溃坝
感觉疼痛也没个开关
不但不让你一命呜呼
反而让你倍受煎熬

仁兄天水获悉我受难
拍马来到病榻旁
抗菌液正从左手滴入病体
右手动了几下手指
表示答谢致意
也表示我还活着
我们都是死过的人
在上帝和人间的牵扯中
你把生命的刻度换成
人生的千山万水
而我也从浑身是胆雄赳赳
成了浑身是病死不足惜

世界会好吗

人类还有出路吗

羸弱的愿望坚硬的现实

战争与和平之间

我经历了万箭穿心的痛

原来生就是死死就是生

2023.11.7

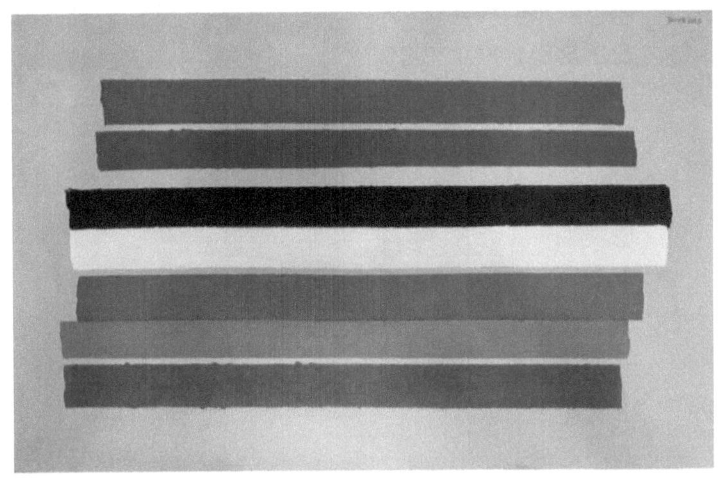

朵夫作品，"无题"之三

龚刚（澳门）

空酒瓶

弗拉基米尔与爱斯特拉冈已退场
两只空酒瓶在矮墙上继续聊天
胡萝卜与无聊的关系，靴子与存在的关系，
争夺狗骨头的幸运儿，瞎了眼的造物主，上吊
的绳子，以及
戈多会不会来
命中注定的那棵树
在沉思中长满了树叶
又在一念之间落叶满地
太阳从雨夜的屋檐上艰难探身
报信的小男孩在潮湿的台阶上一再打滑
他是唯一见过戈多的人
也会长出戈多一样的白胡子
空酒瓶仍在聊天
矮墙的高度正好搁下无处摆放的手
世界成了悬案
酒店橱窗上，阳光被泄露
无数行人走过自己身边
车站仍未坍塌
信天翁盘旋在城市上空
俯瞰另一只靴子
大西洋的海风，执着地把天空吹蓝
早起的球员，来回奔跑
渔具厂老板为胜负划定界线

命运无视门框
金斯堡的嚎叫被红牌警告
坐在餐桌旁，寒山比我更早抵达
两包糖，一包糖，不加糖
咖啡逐渐接近本质
伯利恒之星降临每一棵圣诞树，失明的城市张开眼睛
耶稣已复活，被同时钉上十字架的两个刑犯
另外一个有没有得救
弗拉基米尔念念不忘
上吊的绳子在未找到前已朽烂
空酒瓶从挪威的海边听到空屋与空屋对话
有人将至，恐慌在内心漫延
无名的海滩上，遍地是遗弃的贝壳
爱斯特拉冈的梦再也无人打醒
收银台前，两个人提着一箱同样牌子的啤酒
却看不见彼此
在他们中间，有一个白胡子老人

正　午

狮子在太阳下俯瞰众生
所有的餐馆浮出海面
开阖的门窗，如翕动的鱼腮

举报者取保候审
真理与谎言
等待消化

以色列在哭墙上建造哭墙
红海葬身鱼腹

以开胃酒创世
以咖啡收尾

无始无终的海滩上
遍布厨余

刘虹（深圳）

读〈往事并不如烟〉

必然更粗。必然更野。必然更阴谋
或 更阳谋……

人心落雪。冷。薄薄的冷
挤过三百多页的往事——更冷
更薄。比刻薄还薄。挤过
三千年的古国文明 一路粗野
精心打磨的权力 已臻化境地
薄。刺入优雅与高贵 游刃有余
如入 无人之境。

无人。眼中无人。刀下无人。薄处
无人。无论跪着 还是站着。

只有冷。冷冰冰的真相被雪盖着
它其实也很薄 一捅就破
哪里需要一个妇人 在笔尖上
放血 用两代人的尸体
来捂化它……是的——

一捅就破。生命。尊严
比爱面子的脸 更薄。
而语词深处的荒凉 还能否扶住
厚厚的往事 百孔千疮的背影

必须更薄。必须更硬。比薄情更薄。
但 无法比真相
和真相后的眼神 更硬。

自首书

你在看深渊时，反被深渊盯住
悬崖兀立，才显出悲情的高度

以为诗可抒大地低处的呻吟
以为振翅就能划破封冻的天空

坠落即流星喷起即岩浆：殉道
必有回声……你以为的皆未发生

那些经你的眼光诞生的人
又经你更深情的注目，夭折

狠狠心，没有什么非得作牵绊
也没有什么值得你目送，和绝望

你早已是故乡的他乡人
与乡音失联，错过了青春风情

将错就错或将计就计地：爱着
情到深处，惟有死亡不忍辜负

——它静默中的燃烧。是时候了
天已黑透。这是投名状更是自首书

铁舞（上海）

一个人的诗歌史

一开始我写的是无字诗
一个筑路工扛着铁镐在中学校门口走过
我获得一个姿势
后来我成了一名筑路工
用一柄小小的鹤脚锄
敲筑一块块不规则石头
师傅教会了我如何组合石块对称的美学
（今天你走在老街上能欣赏到这种工艺）
这直接影响了我后来在纸上搬弄汉字的石块
师傅是头手
我是二手
我在写诗的时候
听到的是鹤脚锄和石块撞击的声音
我写诗
从不忘记从前的劳动

2022/7/3

出海口——致红海

当战争的烽火燃起，
人们的心灵沉寂悲哀
我在上海的吴淞口想到红海
不要让鲜血染成海

红海的水波汹涌起伏，
却无法洗净地球的痛
哀叹和平被战争冲刷
谁来为这仇恨付出代价？

有红海
自然还有黑海
人类的壮志无限遥远，
却只能将理想压抑在个体心间
当战车压过麦浪红色波涛
向日葵
鲜花也统统被淹死

这一刻我唯有握紧手中的诗笔，
用诗歌传递爱与和平
让战火归于平息与寂静
愿世界再不迎来战争的轮回

红海的风儿呼啸而过，
呼唤着和睦与友爱的声音
愿每一颗心都能明白，
战争只会给人类带来伤痛

让爱与和平永远存在
我们要在
世界的每一个出海口迎接黎明的日出

2024/1/10

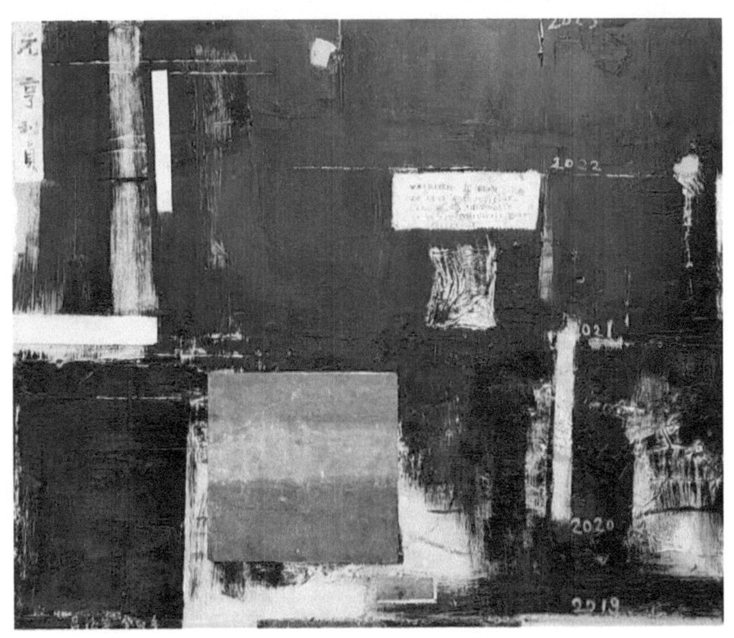

吕德安作品，经验，时间，综合材料，180x150cm，2023

严力（纽约）

苦咖啡

阳光在上午八点后
弱弱地来到了我的窗台上
还能感觉到
阴霾慢慢地隐入大地的怀抱
我回味昨晚的梦
它分成隐隐约约的两部分
就像阴霾与阳光
我伸了个懒腰
端起那杯日常的苦咖啡
至于糖和奶
多年前就已被妈妈
存进了我的体内

2023.5.14. 母亲节

春天没错

没错
大自然的春天是一样的

只是今年的春天
单身了半个世纪的妳终于结婚了

去年的春天
我经营了二十年的门店
因电商的挤压关门倒闭了

前年的春天
他被查出癌症
折腾了几个月竟然是误症

大前年我们的不少朋友
被新冠病毒带走了

没错
春天如果不与人的处境挂钩
都是一样的

2023.4.

地球与国家

大家都附属于
国家这个大词
作为副词和形容词的生灵
如果没有所属国家的护照
就没有旅行境外的权利
其实境外已没有了地球
只有划地为牢的国家

2024.2.

拜　年

在没搞清楚
龙是卵生还是胎生之前
我们继续拜年

2024.2.

陈依达（上海）

使水泥球变小

更深沉有力的轰鸣考验静默。
人的皮囊、颅骨，含混的意义
从第一声啼哭到强音风暴
空气中的摩擦如棉球涂抹小伤口，
仿佛布满血丝的眼睛看着涌浪。
世界充满幻象和不实之词
钢筋水泥　花岗岩　桥墩
布置迷宫般的风箱，电线之弦
光缆接线盒的数据跳转
爱与唾弃，化作水象、火象
以鹅卵石为砝码，构筑专属的天秤
浪花和火苗，每一次颤栗
凌乱而坠落的无力感
每天，一种漏电的滋滋声
烂尾楼即将爆破拆除
废墟成为大地的水泥镣铐。
当精确的按钮锁定在手机屏的空格键
影子叠加影子晃动脚手架
熬夜的酒杯里浮现黎明的指环，
"人终有一死，花海为证"
誰也不能预见永恒是如何舍弃挥别。
你看我已经感受到了北极光
地幔运动来自矿井深处的回响

邂逅美丽动人的蝴蝶飞来取代语言。
人的渺小、人的伟大
更亲切的听诊器成为历史定音锤。

2023.10.

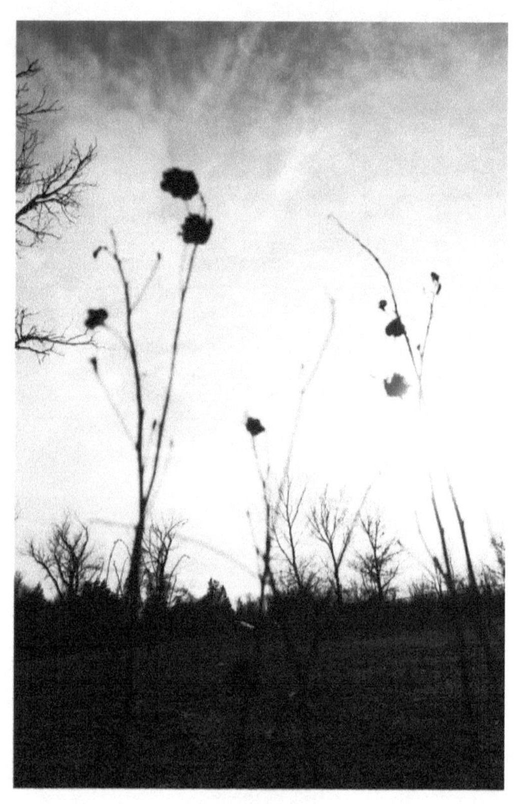

娄晓雯摄影　“废叶斜阳”

金　雕

齿状捕蝇草，隐去主脉
目光牵引到沙地空隙的海绵层

仿佛眼中飞蚊挡住铸剑淬火的一闪，
疾病的祈祷文沉潜在血的指标。

抓住或松开葡萄根茎的线索
我们各自拥有微生物学家脑海中：

时间的酵母，也被注入酒杯。
神情进一步深入抵达地下水

有人挖掘隧道时打开时间的缺口
就像秃鹫撕咬肉身，溅出灵魂。

一如金雕捕狼时，野兔毛皮的颤栗
拨开一丛一丛沙枣树的枝条

呼吸困难　筋疲力尽　仍然坚持
一条"里程碑之蛇"时隐时现。

2023.11.

卢炜（西雅图）

时光债主

不只是健忘
心和手， 脑和嘴之间
越来越不顺从了
创可贴随时在岗
绘制时间倒计时
表格钉在下楼的东墙
就像 20 多年前海岛
杂志社发行部西墙
时间已在不远的尽头等我

第 39 天了
空空的梦里
老外婆依然没有下凡
刚获投票权的小香蕉人
即将远走高飞
我回到属于我自己的座驾
不知该先抢救哪个
顺序是赌场缤纷的轮盘

西窗下的一排画架
还有幸存的芽点吗
肖邦的夜曲不再丝滑
离家出走多年的文字

瘦成了荒废梳妆盒上
一片褐色的蝴蝶标本

花儿为什么这样红
我的九寨
鸿雁
月光下的凤尾竹……
被我壮观的腰肢牵强的东倒西歪

三亚海边小提琴的背影呢
昔日最修长的晚礼服，终于
把我虐成了安徽厨娘的形状
风韵犹存是自欺欺人的
偏僻的大麻农场
死去活来的爱情啊
早已萎缩在荆棘丛生的
秋蔓间 ，奄奄一息
守着永不坠落的底线

雁南飞被深情的刀郎
一遍又一遍揉碎
春天已在紫藤架上
踮起脚蠢蠢颤动着
即将再次出场，重复
铺天盖地的风情万种
太多的端庄太多的疯狂
都不会再回来了

儿时的蛙鸣
驮着滴翠的芳华万里迢迢的找回来了

铁面无私的债主啊
除了几样每周七天的药丸
血压计，血糖仪，加上
未走调的黄梅戏
我拿什么偿还给你……

2024.2.1.

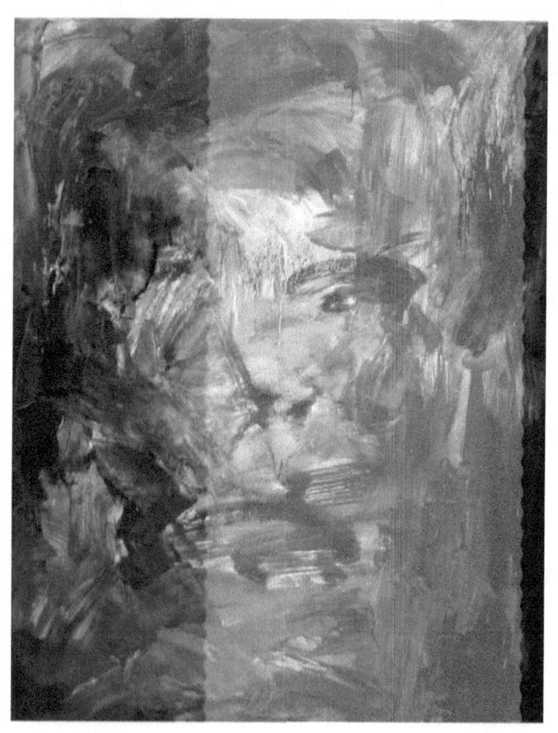

子卿作品之二

沈浩波（北京）

不能走

二十年前就有人问我
想不想移居国外
我断然回绝
我是中国的诗人
得活在母语中

十年前又有人问我
为什么不移民
我说我已经
习惯了北京
这里是我的家

五六年前还有人问
但是我真的已经
懒得再去学英语

最近这两年
问的人更多
每次聚会必有人问
以至于我也
忍不住要问其他人

那天遇到尹丽川
我问她移不移

她说她认真想过
不能走，走不了
我问为什么
她说父母在，不远游
我吃了一惊

这答案和我上周
给别人的回答
竟然一模一样
不能走，走不了
父母在，不远游

我和尹丽川差不多大
父母都到了耄耋之年
看着他们衰老的样子
才知道我们已经
从不想走活到了不能走

2023.4.9

穿上还是脱掉

为什么人们
至今向往古罗马
那时的雕塑
男人和女人
都不穿衣服

黑暗的中世纪
令人厌恶
它的画和雕塑中
人们都穿着
厚厚的衣服

为什么说文艺复兴
是一个黄金时代
因为伟大的艺术家
把中世纪穿上的衣服
又脱掉了

好的时代
人们都在脱衣服
坏的时代
人们都在穿衣服

2023.5.7

对 话

你说你喜欢
俄语诗歌灿烂的
白银时代

你喜欢他们
中的哪一位？

你喜欢古米廖夫吗？
阿克梅的领袖与天才
灼灼燃烧如火柱
三十五岁
被杀死

如果你喜欢古米廖夫
那你喜欢杀死他的列宁吗？

你喜欢阿赫玛托娃吗？
她是古米廖夫的遗孀
她们的儿子三次入狱
你喜欢她的《安魂曲》吗？
在关押儿子的高墙外
阿赫玛托娃流干了眼泪
书写灵魂里流血的诗

你喜欢曼德尔斯塔姆吗？
你喜欢他通向死亡的旅程吗？
咔嚓一下

像一把被折断的小提琴
你喜欢茨维塔耶娃吗？
你喜欢她自缢而死时绝望的脸吗？

谁折断了曼德尔斯塔姆？
谁扑灭了茨维塔耶娃？
谁让阿赫玛托娃眼窝干涸？

你喜欢这些诗人吗？
你喜欢俄罗斯文学吗？
你喜欢斯大林吗？
你喜欢宣判诗人死罪的
威严天空吗？

你喜欢赫鲁晓夫吗？
你喜欢勃列日涅夫吗？
你喜欢这些疯狂的
独裁者和刽子手吗？

你你喜欢俄罗斯吗？
你喜欢哪一个俄罗斯？
古米廖夫的？
阿赫玛托娃的？
茨维塔耶娃的？
曼德尔斯塔姆的？

还是斯大林的？
普丁的？
你知道普丁刚刚抓捕的
五千抗议者中

有多少诗人吗？
你知道诗人和艺术家
至今仍在被抓捕和流亡吗？

你喜欢哪一个俄罗斯？
诗人的俄罗斯？
文学和艺术的俄罗斯？
被侮辱和损害的俄罗斯？
被剥夺和取消的俄罗斯？
被流放和杀死的俄罗斯？

还是行刑的俄罗斯？
侵略的俄罗斯？
屠杀的俄罗斯？
粗壮的蠕虫和大蟑螂的俄罗斯？
毒药、坦克和原子弹的俄罗斯？

你读过曼德尔斯塔姆
这句脆弱的诗吗？
"我们活着
却感受不到脚下的国家"

你倾听过涅瓦河的波浪吗？
它流淌着诗人的光荣
也冲洗着帝国的罪恶
你目睹过站在莫斯科大街上
被白雪覆盖的托尔斯泰雕像吗？
——惟有沉痛的灵魂
才有刻骨的爱

你记得果戈里痛彻心扉的提问吗？
"俄罗斯
你究竟要飞到哪里去？
给一个答复吧"

2022.3.22

在 me too 运动中

很多女性
站了出来
为受到伤害的女性说话
girls help girls
其中一种
话语模式
令我困惑
很多站出来来说话的女性
都试图告诉这个世界
女性是怎样的
女性是怎么想的
什么是女性想要的
什么是女性不想要的
me too 运动
绝对正确
作为一个男性
对此我不敢有半点疑问

但我还是不相信
这个世界上
有一个可以代表所有女性的
集体的"女性"
就如同绝不会有
一个可以代表所有男性的
集体的"男性"
就如同我
绝不可能有除我之外的任何人知道
我是怎么想的
我想要什么
以及我
不想要什么

我的肮脏
猥琐
变态
都深不可测
你们知道
个屁

2023.5.28

李浔（湖州）

为时已晚

一个被光明所累的人
他不能再顺从光了
这片树林就是他停下来的理由

夕阳，斜斜细细地布满了林子
让他仿佛身处在一只疲倦的鸟巢中

2019.9.17

对一座山安静的兴趣

远远看去，这座山非常安静
但有人告诉我那里有未知的风景和凶险

想了解一座完整的山
我必须要认识这里的媚俗的花，牵强的篱
无条件的阴暗面，树叶错位中的天
它们各自偏安一隅，独立又完整的寂静
让我左右都不能安静

一只飞过的鸟，让完整的平静有了裂缝
有人在另一座山上，看见我所在的山
那里，有被自己的寂静吓了一跳的人

2018．2．

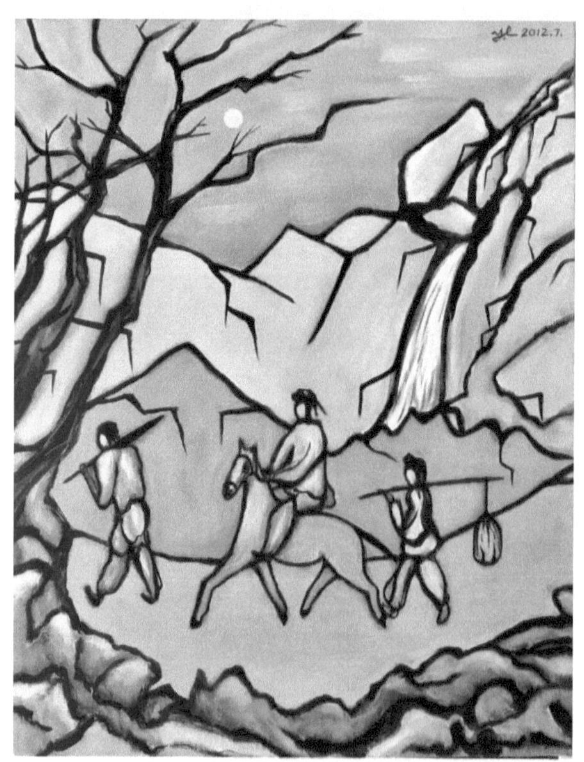

严力作品，赶路，丙烯、画布　2022

冰释之（上海）

咖啡和茶

早晨我把咖啡豆磨得比
思念还要细比孤独还要忧郁
这种黑色的习惯
流淌着太多的秘密
很少有阳光骑着奶油的味道
破窗而来
一般而言思念就是从井底向天空
开出的花朵只是
偶尔呈现出悲剧的模样

我尽量古典
用一杯浪漫主义的咖啡
佯装深邃
用目光打量城市的边缘
简单的食物可以装饰性格比如
几棵蔬菜
我发誓城市的味蕾已经败退

我热爱乡村甚至相信教堂的钟声
唤醒了上帝的饥饿
无数琐碎的恶消化着河流
万物渐渐沦落为理想
我这样看着 2021 年死去
用一支蜡烛守着最后的灰烬

深夜我泡一壶老庄的浓茶
什么也不想也不干
看月光为了一泓清泉叹息

2022.1.8

看　病

看病就是带一枚病果
去病树前头的春花集中营
掰扯掰扯因果

我的身体曾被恶之花照亮
藏匿无数病根于人道主义山坡
阳光正远远躲进峡谷

草地和更远处的绿叶在争论
大限逼近的细则
从我体内散落的果子

奔跑着与痛苦形成钝角
借着山势逐字向泉水朗读清澈
比如春意盎然的春

万木可爱中的消杀
那病树前头的是病还是树
最近的三年

被因果骗了去的冤魂真是不少
别说我魂不守舍
拿二两魂四两病去山上看看

山上，我的恐惧艳若桃花地盯着四季
那些节气在努力追赶病程
我的病因在一堆药渣里醒来

2023.5.24

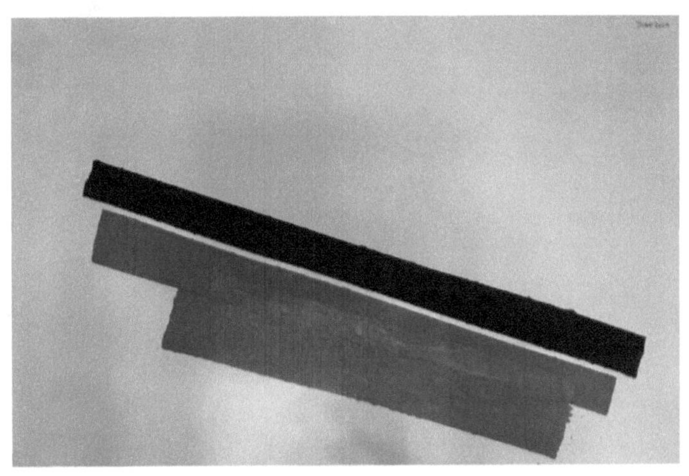

朵夫作品，"无题"之四

诗歌翻译

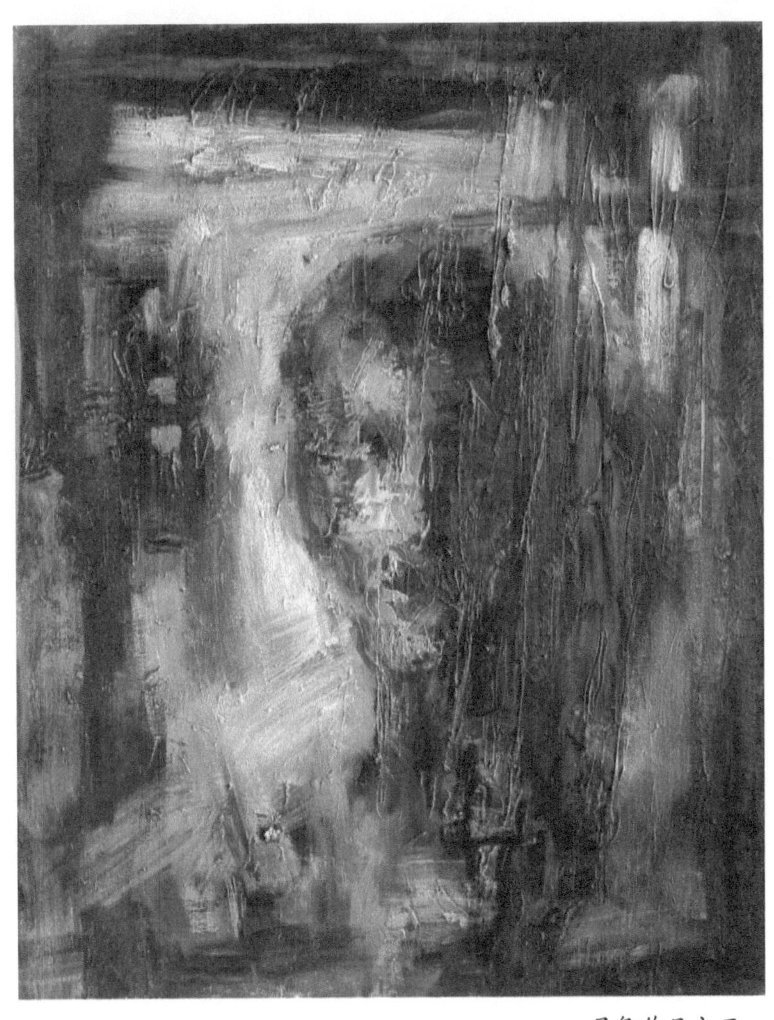

子卿作品之三

雪铃花

作者：约瑟夫·封·艾欣多夫 / 翻译：岩子（德国）

犹闻一支轻柔的小曲，
在昨夜的花园里，
宛若和风习习：
"醒来吧，可爱的小雪铃，
我们提前了时令，
出人不意。"——
那不是歌，而是一个吻，
轻轻地弄醒了沉静的小雪铃，
它们叮铃叮铃响起来，情不自禁，
因了那不久的姹紫嫣红。
啊，它们迫不及待，
但也清楚上一场雪还在，
田野和花园仍旧白雪皑皑。
小雪铃们不由陷入了悲哀，
就像许多唱倦了的
倒地不起的诗人，
被他们唤醒的春，
从他们的墓茔上呜咽而过。

Schneeglöckchen

Joseph von Eichendorff

's war doch wie ein leises Singen
In dem Garten heute nacht,
Wie wenn laue Lüfte gingen:
"Süße Glöcklein, nun erwacht,
Denn die warme Zeit wir bringen,
Eh's noch jemand hat gedacht." —
's war kein Singen, 's war ein Küssen,
Rührt' die stillen Glöcklein sacht,
Daß sie alle tönen müssen
Von der künft'gen bunten Pracht.
Ach, sie konnten's nicht erwarten,
Aber weiß vom letzten Schnee
War noch immer Feld und Garten,
Und sie sanken um vor Weh.
So schon manche Dichter streckten
Sangesmüde sich hinab,
Und der Frühling, den sie weckten,
Rauschet über ihrem Grab.

译者说诗：

雪铃花开了，在这连日的冰天雪地之后，一阵欣喜从心头雀跃而过：春天不远了！

不由得想起学生时代我最为喜爱的德国浪漫主义诗人艾欣多夫的一首《雪铃花》，一首温柔、优美、散发着淡淡愁怅与哀伤的小诗：

仿佛是一场梦，朦朦胧胧中，诗人听见一支轻柔的歌曲，自"夜的花园"飘来，宛若"和风习习"，母亲对小宝贝般的柔声细语："醒来吧，可爱的小雪铃……"

雪铃花，又名雪花莲，是最早破土而出的花儿，确切地说，是先春天而开的报春花，是"春江水暖鸭先知"中苏轼笔下的那只"鸭"——

"我们提前了时令，出人不意"——

小雪铃们醒了，被温柔似水，甜蜜如歌的那一吻。它们不由自主地手舞足蹈起来，发出了银铃般的笑声——美丽的春天就要到来啦！

只是，现实依然冷峻，乍暖还寒，上一场雪尚未融化，田野、花园、万物，依然在厚重而皑皑的积雪覆盖之下。

小雪铃们不禁悲从中来，想起世世代代不知有多少诗人和英雄，倒在了追逐光明和理想的路上。他们苦心孤诣不遗余力地为我们唤醒春天，却不幸被严寒与黑暗夺去了宝贵的生命。

被唤醒的春天，亦然没有忘记他们——这些"壮志未酬身先死"、先知先觉的先驱者——"从他们的墓茔上呜咽而过"……

古巴诗人维克多·罗德里格斯·努涅斯诗选四首

明迪（洛杉矶） 译

维克托·罗德里格斯·努涅斯（Víctor Rodríguez Núñez）1955 年出生于古巴哈瓦那，诗人，记者，文学评论家，翻译家，学者。已出版 20 本西语诗集，他在古巴、哥斯达黎加和西班牙获得过重要诗歌奖项。他主编了四本古巴当代诗集，以定义他所处的年代以及他的同代诗人。八十年代他曾是古巴最重要的文化杂志主编，除了从事文学和电影评论之外，还介绍西班牙和美洲诗人。他的文学评论专著获得过 Enrique José Varona 奖。目前他是美国俄亥俄州凯尼学院的西班牙文学教授，居住于于俄亥俄与古巴。

寓言

鸟在啄食沉默
用巨大的嘴
在烧毁的树叶中搜索
然后在傍晚的孤枝上
一阵哆嗦

之后它将飞起——
变成疾云

飞过蓝山脉
在那里只有我母亲和星星
绽放

然后变成腹歌
以无主的眼神俯瞰
那已是灰烬的地方
那沿着沉重的拱形射线
流血的石头

而这只鸟将会飞回来
在灰烟和水蒸汽里重生
再次栖息
在傍晚的孤枝上
如同一个鸟巢

假设

托勒密认为
世界就像某种女人的眼睛
湿晶体球形
在那里每颗星都在寻找完美的轨道
没有激情
没有潮水或灾难
哥白尼来了
聪明的人用乳房交易圆顶
用余弦定理交易惊恐

太阳的瞳孔变成宇宙的中心
而乔尔丹诺·布鲁诺夸夸其谈
博得丈夫们和牧师们开心
然后伽利略
深探年轻姑娘的心
沉浸在美酒里
——光被太阳聚拢——
他强奸了并非来自电影里的明星
并将于彗星尾巴上死亡之前
宣布爱是无限的
至于康德，他对女人不甚所知
是计算器蝴蝶的囚犯
形而上的花粉
而黑格尔
如此抽象
这问题太绝对了
至于我
我向二十世纪提出
一个简单的假设
批评家称之为浪漫
哦读到这首诗的年轻姑娘
世界围绕你左右转

接头暗语

波罗的海入口处
海鸥等着你
水将会朦胧
如同你没有夏季色彩的一个梦
海岸将会清晰
就像任何不属于我的东西
我把它们留在那里
波罗的海入口处
天将会随着你几乎触到的
我的手指下沉
船将会消失
就像任何不属于你的东西
保存这接头暗语吧
每一颗善良的心都是一个望远镜

尼加拉瓜曲，之一

置于一个错误的国家
在那里他们
将最神志不清的春天称为
冬天
所有的一切都确实在变
景物和政府
火山结束他们的夜晚
转身变为湖泊
我没有见过这个鬼城市
最糟糕的角落里
世上最古老的孩子
微笑
置于一个错误的国家
在那里昆虫
驱使计算机疯狂
暮色燃烧
带着羡慕而惨淡
但在草莓梨的心核前

我没有见到
花园
而骨骸开花
红月之下
最残酷的夏天

加拿大诗人 DC Reid（丹尼斯·里德）诗两首

星子安娜（加拿大） 译

丹尼斯·里德是加拿大诗人联盟和其他作家组织的前任主席，共获奖 25 项 包括第 16 部书《一个人和他的河流》获 2023 年加拿大专业户外媒体协会竞赛金奖。他的著作《事物精神和事物本身》收录了 40 首独创扩写诗，追溯到数千年前的原居民生存理念：万物既是一种精神，也是一种现实的事物。2023 年，作家信托基金为低收入诗人设立以他为名的"里德诗人奖学金"。同年，他的《诗选与新诗》出版。

星子安娜 /Anna Yin 加拿大密西沙加市首届桂冠诗人，著五本诗集，获北美多个诗歌奖项，中英文在国际刊物发表，并译成多种语言。多次在国际诗歌节表演和講授诗歌，作品被加拿大国家电台，诗歌月和全国公交巡展以及学校选用。

The Day Diana Died

To reinvent from across the room that we have purchased for now in
my underpants my own way to write exact as fingerprints having left
the bed to smoke and pen a spurt of nothing on a napkin.

In ribs of sun on the other side an island of thigh and wetness render
a woman. And before, our bodies together like starfish.

We have faced our death today, the disappeared morning, sixty miles
through unseen freighters and duplicity of fog. For us the thin sweat
of spiders and blazing hands upon the helm.

The steps we take to freedom are small and matter only to ourselves:
the warm bodies with whom we close our eyes.

Lush, half mad the scent of us descends with us from the long sun
for a ritzy sort of dinner, food upon our forks and the news that in our
love a princess died.

The punctured heart jumps on its ribs and you say this is happening.

How like foxes the jackals with delicate whiskers curved and lacquered
red. She has her foot beside her ear her white eyes as stars jerk for
her this last time across a blue summer evening.

All right then, responsibility. The poet passes to a faraway country
close by. While my tongue descends on her vein like a blind arm,
while I look in the mirror until my face doesn't make sense anymore,

the sound forks make on china. The sun exploding in a wine glass.
The legs of Cambodian children.

戴安娜逝世当日

起身离床去抽烟，穿过我们现已购买的房间
在内裤里以自己的方式重塑，在餐巾纸上
一泄如注，像指纹一样准确。

太阳的肋骨另一边，一座湿润胯部的岛屿呈现出
一个女人。在此之前，我们的身体像海星相拥。

今天我们面对了死亡，那消失的早晨，六十英里之外
穿过不可见的货船和迷雾的伪装。对我们来言，那是
蛛丝汗水和掌舵人炽热的双手。

我们迈向自由的脚步是渺小的，只与我们自己有关：
那些和我们一起闭上双眼的温热身体。

丰腴、半疯狂我们身上的香气与我们一起从长日中沉下
去享受豪华的晚餐，食物摆在叉子面前，接下来新闻
在我们相爱中一位公主的死讯。

被刺穿的心脏在肋骨上跳动，你说这正在发生。
豺狼多么像狐狸，它们的红色胡须精致弯曲
她的脚靠近耳边，白眼睛像星星一样闪着
这是她最后一次越过蓝色的夏夜。

那好吧，责任担当。诗人前往近在咫尺
的遥远国度。 当我的言语像盲人的手臂
触及她的品质，当我凝视着镜子
而我的脸不再有意义时，

叉子在瓷器上发出声音。太阳在酒杯中爆炸。
柬埔寨儿童的残肢。

Where you are

And he dreamed, and behold a ladder set up on the earth,
and the top of it reached to heaven:
and behold the angels of God ascending and
descending on it.
  ~ Genesis 28:12 Jacob's ladder

You hear only the leaves when they turn away
The green backs of them disguising the threadbare distance

Disguising it with their thin green bodies that in their thinness turn
you to
Slumber

What you find there in the autumn is the silver of their leaving
They are the pigeons of the square in their washer-women clothes
The male in his circles the female of his attention

The silver is the lining of their green summer plumage
Then they are gone with the gold of your early eyes
Perhaps they are a market of fly-bitten dates

Perhaps the pigeons know that the green and their silver
Have always been the same but they do not hear

Your anguish that the sleight of hand of summer has you
On its wavelength between the flowers and the heaven

你之所在

> 他做梦，看见一架梯子立在地上，顶端伸到天上，看见
上帝的天使上去又下来。
>
> ——《创世纪》 28 章 12 节 "雅各的梯子"

当它们转过身去，你只听见树叶
绿色的背影遮掩咫尺的距离
纤薄绿色肢体遮掩着，这纤薄让你
沉入梦乡

你找到的是秋天它们离去的银色身影
它们是广场身披洗衣女衣的鸽子
雄鸽圈子里环绕，吸引雌鸽的青睐
银色是它们绿色夏羽的衬里

然后它们与你清晨的金色一同消失
也许它们是市场上被苍蝇叮咬的枣子
也许鸽子知道绿色和它们的银色

一直都是一样的，但它们听不见
你的苦恼——夏天的戏法将你
困于花季和天堂的波长之间。

文字表达的灾难

梅丹理（西雅图）

——灵感来自 Nico Vassilakis（伊利诺伊州）2017 年 12 月 10 日
的艺术作品

搬弄逻辑的宣告一旦颁布下来，在地上留下了一堆瓦砾……
那堆瓦砾看起来疑似文字的形状，
因为砖块和灰浆务必符合宣告所声明的理由……
但用于执行宣告的实力太善于转动，
无法符合字体的规定轮廓……
至于字体化的建筑，谁都不想看到它在天际在线隆起……
作为意义的容器，
它们的话语是用瓦解的语言强加于人的……
像一个险恶的球架准备猛烈地分裂……
串家串户的交谈本来试图成为公民礼节的锦绣蕾丝……
现在在无人机控制器的视图屏幕中简化为台球桌粗呢……
现在，谁还能将自己的表达需求
融入他人相互交织的故事中呢？……
奔走相告的抒怀欲望，已经贬低到儿童游戏都不如的地步……
事实已经透漏：互相倾诉的温柔织品只能充当裹尸布。

DEVASTATION PUT INTO WURDS

— Inspired by Nico Vassilakis' artwork dated Dec. 10, 2017

The enactment of logic-chopping pronouncements leaves a pile of rubble on the ground...

That rubble is looking suspiciously word-like, because bricks and mortar were supposed to conform to the stated justification...

Forces used to implement a pronouncement are too kinetic to conform to the prescribed contours of a font...

Graphicized structures are not what people want to have looming over a landscape...

As vessels of meaning their utterance is imposed in a language of crumbling...

like a sinister rack of balls ready to break apart violently...

Words exchanged door-to-door were trying to be a lacework of civility...

now reduced to billiard-table baize in the view screen of a drone controller...

Now who can nestle their expressive needs among the intersecting tales of others?...

The urgencies of telling are now proved to be a child's game...

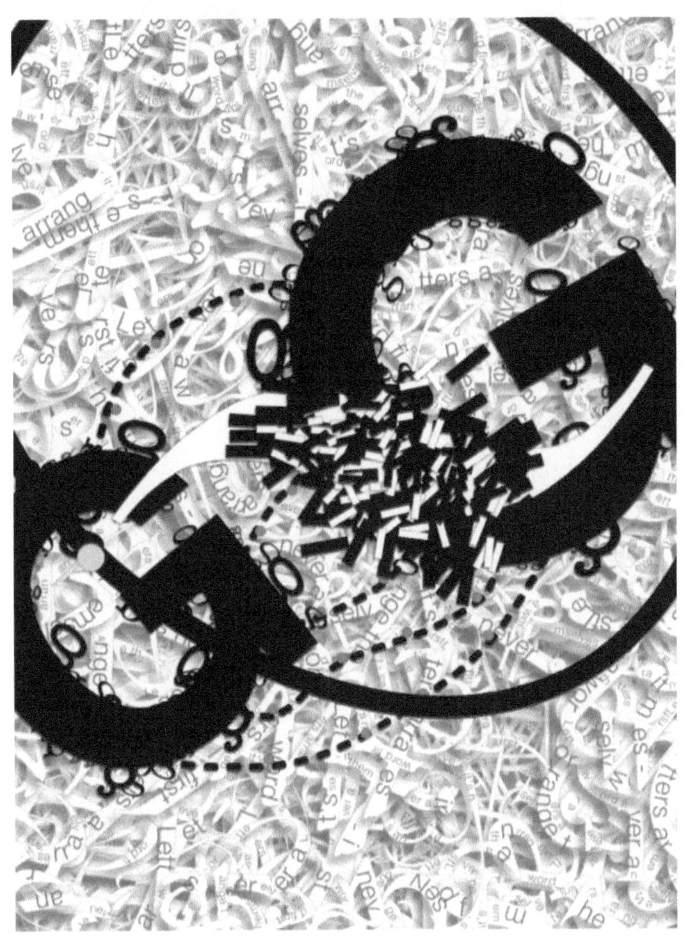

画家 Nico Vassilakis（伊利诺伊州）作品

我们那颗暗淡的伴侣

梅丹理（西雅图）

——回应 Chaled Res（土耳其）的画作《爱的黑色月亮》

人们经常会思索那颗环绕我们世界的贫瘠伴侣；
我们甚至感受到它的荒凉，暴露在无边的太空中……
那种没有被雨水抚平过的空洞本质，
永远无法孕育生命。
一生中，我们无数次与这样的凄凉擦肩而过。
相比之下，我们知道我们的地球抚育生灵的温柔：
我们在丝绒般柔软的空气中呼吸和移动；
然而，月球那种毫无知觉的黑暗
在我们的宇宙中有时被认为是神圣的。
我们把它挂成一面镜子，让孤独的心灵互相思念；
抬头仰望，我们学会更加珍惜我们的家园。

OUR DARK COMPANION

— in response to Chaled Res' painting "THE BLACK MOON OF LOVE"

People often muse on the barren companion that circles our world;

We even feel its desolation, exposed to outer space...

Its inertness is never soothed by rain, never able to incubate life;

In one lifetime we brush shoulders with such bleakness countless times.

In contrast, we know our planet's tenderness towards living things;

We breathe and move in our velvety blanket of air'

Yet we sometimes think

of the moon's unknowing darkness

as something sacred in our cosmos;

We hang it as a mirror, for lonely hearts to think of each other;

Looking up, we learn to cherish our garden home all the more.

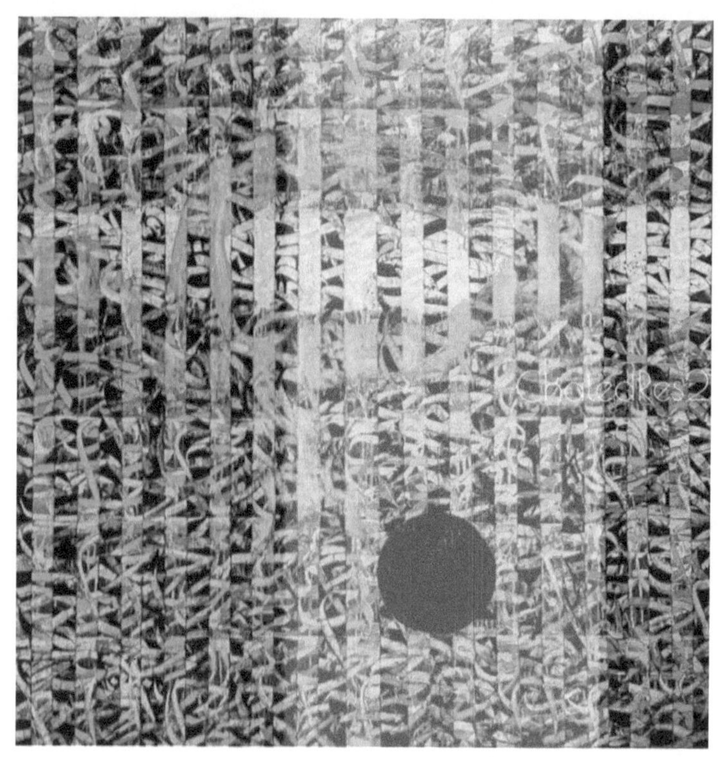

画家 Chaled Res（土耳其）作品

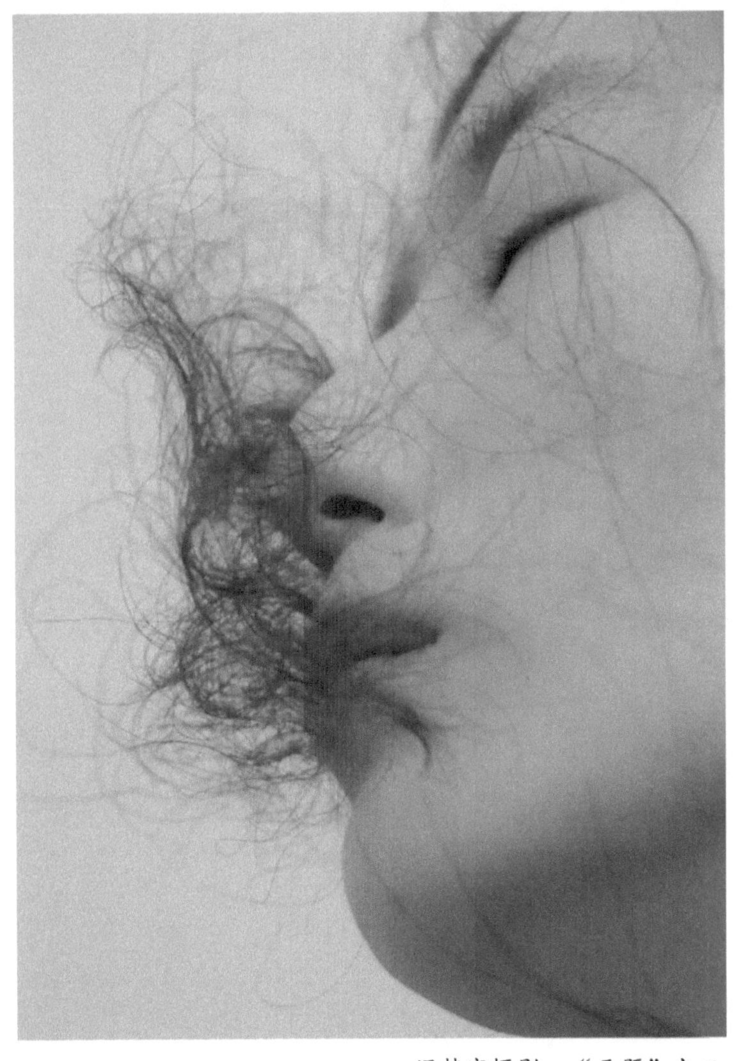

温梦宇摄影："无题"之二

自由的味道

子卿（纽约）

（一）

你是一个安放记忆的密封匣子，里面的声音出不来，外面的声音进不去，你只倾听你自己。对你来说，去纽约时代广场也罢，去撒哈拉沙漠也罢，世界同样悄无声息。外面的背景板换来换去，你同样一成不变地走在长长的寂静的时光隧道里，周围没有一个人，身外的光影声色如虚拟如梦幻。看似陷在人群里，却早已不在其中；看似继续与命运纠缠，却抽身于喧嚷与戏剧之外。你独来独往，电话和邮件越来越少，与世界的瓜葛越来越少。

你的心如此空寂、安然，但其实你的生活绝非平静无波，你多次历险，甚至一度波澜壮阔。只不过，你总能在一阵惊涛骇浪之后很快回到常态，仿佛什么都没有发生。这是两年来你客居异域的新收获。似乎，你越是高密度地经历生活，肉躯越是疲惫，灵魂越是安宁，越是出离三界。你的经历不可谓不惊险不传奇，就像劫后余生的人庆幸捡回一条命，不再纠缠其他损失，你忽然有点大彻大悟之感。从前你以为不能失去的，现在看来都能失去；你原来觉得必须到手、必须牢牢掌控的，如今觉得未必值得太费力。真的，即使上帝奖励你再多，你真正需要的也不会再有什么增加。

如今回头一看，你觉得连自己那个宽敞明亮布置温馨的家，也不见得是必须。因为你已经试过，你的物理空间可以压缩到只剩 9 平米，你的物质世界可以减重到只剩一口旅行箱，而你的灵魂可以轻省到没有爱恨情仇，也没有不舍和依恋……

这真是一种极简人生啊！以前听说过，没试过，如今试过了，你为自己暗暗喝彩。如今你总算可以腾出很多空间来装好时光了。

"好时光"怎么定义呢？恬静、安谧、自足、无欲、无我、空灵、无缘之乐……你到底是看到曙光了，这是经历拆毁的报偿，曾经你呼天抢地，痛不欲生；现在你云淡风轻，豁然开朗。但你知道你的救主不以这一站为你的终点，你还会走得更远，更远。

（二）

我有时想，以我这胚子，虽说注定是这世上稀有、也最不好定义的一类人，但是走到今天还是让我始料未及。我原本是装满各种欲念的垃圾桶，除了物欲不盛，权欲太低，其他贪婪无所不及。更麻烦的是，我这脑袋还是各种思想交火鏖战的战场，硝烟弥漫，遍地狼藉，使我的理性混杂又分裂。看上去，这种料绝不可能修成悠远空灵的物种，倒是具备其他各种可塑性，只是一个个都错过了。

我没有成为一个纵情声色游戏人间没心没肺的女侠，因为不够勇敢，更不够洒脱；我也没有成为一个学有所成受人尊敬、成天伏案码字的专才或学者，因为兴趣游离，热爱不足又不肯做职业的人质；我没有成为一个驾驭印钞机风光无限的女老板（命运一度把我推到这条路上，我居然像把好手），因为如此枯燥紧张而结果一览无余的活法，让我忍无可忍；我没有成为彻底虚无抛弃一切的流浪汉，或者一个归隐山林的出家人，因为放不下好多责任，更不敢丢掉安全保障……其实，以我被塞得满当当的复杂头脑，和我单纯得像乡巴佬的心性，我最可能成为艺术家、画家，诗人。但是"艺术家"这种职业在我眼中实在可疑，很多时候等同于欺世盗名的戏子和职业赌棍，浅薄得可怜；我倒是真的差点成为不错的画家，一度爆发的才气让一众老手们惊讶。谁知我却被我的激情吓坏了，因为我一拿起画笔，血管里就像山洪暴发，激流奔涌，让精神和肉体都无法承受，我强烈地感到被摧毁的危险。我可不想疯掉，被迫告别自己的画笔画架，心里的不甘和挣扎活像瘾君子戒毒。旁人为我深感惋惜，我呢，祷告几乎变成了控诉，满腹委屈挥之不去。

　　然而，激情到底是压抑不住的。当绘画的出口被扎断，诗歌就不顾一切地往外涌。诗歌本是我的老朋友，是我曾倾注整个青春向往的圣地，可惜是一场单相思。对此我从未释怀。没想到多年之后她还会来访！因为伴随我的一场患难，生存危机加上半世沧桑，促使我的表达以意想不到的速度成熟。我确实把我整个生命的重量都装进了诗歌，其厚重的精神性，语言的透明度及其诗句推进的效率等，这些品格深得一些挑剔的诗家和诗歌学者的抬爱。"女人能写出这种品质，少见。""你尽可能多些，你应该以诗歌名世。""如果把职业诗人分为十段，你至少在九段。"……我像一个补考及格的学生那样接受迟来的认可，我终于可以释怀了。按理，以前失败的记录最需要以成就感去涂刷，通常的做法是发表、出版，或是去诗歌的舞台刷存在感，然而我却心意落寞，只想避开外界，写作更加私人化。并非我天生没有表现欲，或者比别人少了虚荣，而是现实危机让我巴不得忘掉人世，曾经的诗人梦已经与我毫不相干。

　　那段时间，耶稣在水面行走的记载让我浮想联翩，我在一首诗里这样写道，"我还不够穷，如果穷得不剩一双鞋，我必能在水上行走。"我真的相信，一旦我被剥夺一尽，地上再无路可走，那我会义无反顾撇下世俗，一去不返，没准成为百毒不侵刀枪不入的出世高人。一个半百的徐娘，还在动不动就做梦逃离现实，虽说有点幼稚可笑，其实也流露了她最深的底色。回头一看，她一次次从常态的道路上走失，一事无成，未必不是一次次的大扫除，好清理掉一个个臆想。也仿佛是上帝要废除她自己的蓝图，好带她走向她本来的命定。然而，她的命定究竟是什么呢？我好奇地这样想，惴惴然地等待着。

（三）

　　场景再转到美国，这时候我刚刚走出困境，已经修炼到可以活得不费力气，无牵无挂。逛街赏景看博物馆……我一个人悠游自在，正所谓活在当下。

　　满以为余生会这样过下去，岁月静好，可突然一阵飞来横祸，我转眼被拖上了过山车，一路抓狂，魂飞魄散。事后，我只剩一个愿望：平安！只求一个保障：有主！我明白，若不是我在紧急关头投靠主超自然的庇护，我哪能逃过一劫，何况我的神经也早绷断了。惊魂初定，我只想收回散漫无定的心思，前所未有地渴望回到内心的密室，与主同住。也就是说，一场惊心动魄的经历，竟然成了一场洗礼，我的信仰进程骤然提速。

我是一个地地道道的唯心主义者，当真以为只有感受本身才是人生实实在在赚到的，而迷信现实性的占有不免愚痴，何况成本奇高，不值得。我认为与其为买下一座城堡花力气挣钱，不如住进虚拟时空中的城堡，免费享用，感受一点不打折扣。审美享乐对我就是这样一座城堡。我觉得，当人生被一层层剥到最后，不就剩这点美味了吗？并且我还认定这城堡处于此岸与彼岸之间，是任何一方都无权管辖的独立王国，因此天经地义神圣不可侵犯。没想到经此一劫，我的想法骤然180度大转弯，我巴不得被主全方位地笼罩，连舍弃"城堡"也不足惜。

也许前不久一个不着痕迹的细节，对我意味着一次测试。这事非同小可，很可能标志着我生命的重大转折。

那天，我再次读到纳布科夫的小说，缠绵优雅的诗意和浓郁暧昧的情欲从字里行间弥漫开来，瞬间淹没了我，仿佛自己进入了畸恋的角色。作者文笔含蓄唯美，一点不沾色情描写，分明要把我带往一种日常生活无法抵达的美和沉醉。可我居然一反常态地警觉，命令自己马上抽身。我惊异的是，我居然能毫无挣扎立刻行动，心里没一丝一毫的委屈和愤怒。换了以前，若谁禁止我这番享乐，我必定跟他大吵大闹，痛骂这禁忌实在野蛮，岂不是要复辟宗教裁判所？我会理直气壮质问说，既然圣经律法也不禁止我的感性享乐，凭什么还要额外添加禁忌，剥夺我的自由？

我相信没人可以从神学上论证我的享乐犯忌，乃至论证审美的纵情、尤其是人文主义式的审美纵情有何不宜，就像没人说得出女孩的裙子具体短到哪里就是不自重。同样我也相信，没人可以引经据典以律法去论证某条灵性的规律，但是我又确实知道它客观存在，那就是：

你在多大程度上放纵感观享乐，暗中就在多大程度上与主相离，并在多大程度上透支生命的平安。盖恩夫人在她的自传中提到，她曾经拒绝人家看戏的邀请。她并没有解释理由，但我对之心领神会。其实我早就察觉出这条灵性规律，但是从前，感性的放纵和审美快感是我最高的人生追求，宁肯以平安作抵押；而今我再也不想留下一块自留地。因为留下多少自留地，就留下多少缠累和惊惧。这并非只是一个基督徒的观察，诗人里尔克就曾在《杜伊诺哀歌》里写道，"美，无非是可怕之物的开端，我们刚好可以承受。"——记得读到这话那一刻，我浑身过电，脸颊阵阵发麻，佩服得五体投地！

事实证明，我看似自虐式的自律，可以说成了一桩回报惊人的投资。虽说压缩了享乐的天地，其结果却是，每天每时都进入到安稳丰足之中，日子清旷悠远，这等美景前所未有。必须说，这段异乡漂泊的日子，若论生活条件的变化，不亚于自由落体，但是相反，我的幸福指数却空前飙升。蜗居再小，麻烦再多，自律再严，不仅没有成为我的限制，反而成了我起飞的跑道。

迄今为止，我已经用了足足半生去测探自由的奥妙，相比以前，我再次验证了它的吊诡：放纵感官的自由，反致人痛苦焦虑；而自律倒让心境进入自由宽阔之境。换言之，自由意志与生命的自由，不仅不是一码事，而且二者刚好呈负相关。我这个半吊子读书人，围绕"自由"没少啃书，别尔嘉耶夫干脆把自由这个词，分解成第一自由和第二自由。而陀思妥耶夫斯基甚至说（大意），生活的出路正是把上帝赋予的自由意志，恭恭敬敬交还给他，以自由意志换取生命的自由。

初尝自由的美味，把我更深地推向了主怀，因此我期待被继续拆毁，被大规模地拆毁，直到被夷为平地，甚至连人文主义的地基我也情愿被连根拔除！我明白，只有空空荡荡一无所剩，最适合重建。我相信那个能负重、能饶恕、能忍辱、能给别人带去安慰和希望的生命，迟早会到来。而现在，我只想尽情享受独处的丰盛和无为的轻盈。有时我感到自己存在于一切之外，甚至不会死，就像之前从来不曾出生。我似乎也像一阵风，正轻轻擦过地表，不同于这世上的人们，脚踏实地生龙活虎在大地上重重踩出一串脚印来。我来无踪去无影，游魂一般穿过人世，也许什么都不会留下。这是一个行者的生涯，这是一个

行者的方式。只不过我的肉躯不在深山也不在修道院。我不大喜欢加
尔文这个人，但他的一句话很触动我，"世界就是我的修道院"。可不
是？我正在成为是一座移动的隐修院，我已经隐约看见未来的自己。

一个性质不确定的家伙，一个在父母眼中不务正业、一事无成的
废物，也许哪一天很乐于跟人们分享，什么是自由的味道。

2022.5.4 于纽约

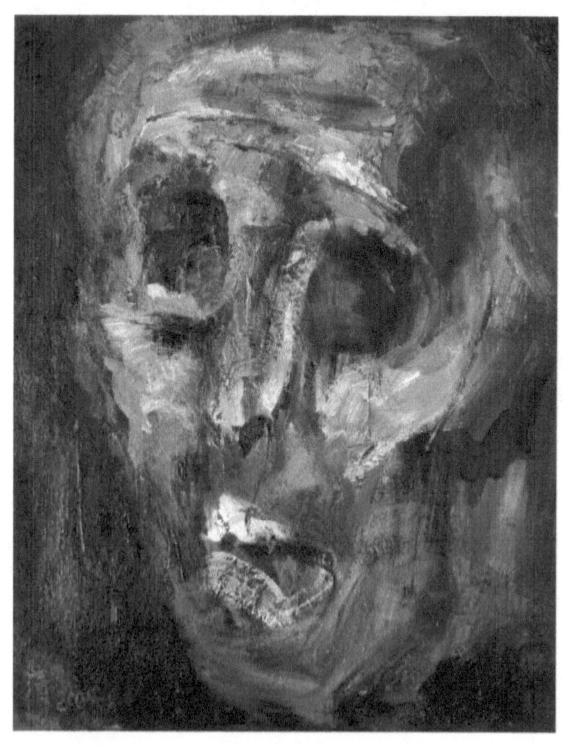

子卿作品之四

古堡纪事

山橘（成都）

方圆由一圈土墙围筑，如古时土城墙，中间有一个很大的门，大门内中间是一条路，左右两边有许多院落，故里的人们把这样的处所叫做堡。

进入大门（据说以前有堡门），是一条路，沿路走至尽头，再往右拐，最里边有一处院落，也有一个大门。

大门是木板门，极高，像古代的城门，木门上缀满了生锈的铁扣。进入大门，是一处两进的院落，外院极为廓大，大约曾经是花园。

园中左右两边又是房屋，还种植有树和花草，犹记有一株桑椹，夏日来临，绿叶扶疏，叶间有虫样的紫黑的桑椹，阳光下枝头招摇着，小伙伴们会偷偷摘了桑椹吃，吃桑椹后乌黑发紫的嘴唇，也从此留存于记忆。

在外院走很长的路才会走进又一处大门，迈过高高的门坎，就是里院。

里院是一座四合院，也极为宽敞，院内地面青砖铺就，和其他人家院落院砖相仿。

北房为正房，高出了东西厢房很多，有廊檐，北房和东西厢房都住了人家。

这所院落也是我们童年的玩处之一。一个堡里年龄相近的小伙伴，有时会在一起玩捉迷藏，偌大的堡的各个地方便是我们的藏身之处。

这所院内所住的人，都是这所院落修建者的后人。东西厢房主人的父亲是两兄弟，当年他们做生意发达了，回乡修建了这所院落。

后来东西厢房的俩兄弟去世，东厢房哥哥留下了一儿一女，女儿外嫁。留下儿子，儿子娶妻生了三个儿子和两个女儿。

第三个儿子和大女儿是有些智障。

俩女儿出嫁后，东厢房剩下了老夫妻俩和兄弟三人。

老大娶妻，生一儿一女。

老二老三一直未娶。

前几年他们的父亲去世，去年今年他们的母亲和老大也去世，孙子辈去往外地，大媳妇也跟着去了。

院子里其他人家都搬走了，偌大的院子只剩了这家老二和老三两个人。

老二身材高大，圆目，鼻梁高挺，似乎有少数民族血统，但一直未成家。

他二十多岁曾去武汉找他的姑姑，只在那边待了一年再未外出。也再没有出去找事做，每日在家除做饭外便是打麻将度日，有些智障的老三领了低保还在村里找事做，兄弟俩靠着这点微博的钱维持生计。

前几日二哥回去时尚见这家老二，他的手机找不到了，还借用了二哥的手机拨打了电话。

次日晚上老三回家，发现他二哥躺在炕上不动，死了，只有五十多岁的年龄。

尸体在家放了五日后，这家老二被掩埋，据说是由他的妹妹安葬了他。

这座古堡只是这个村落中的其中一个堡，村里还有许多这样的古堡，起始何时已无从考证。

记得幼年时，堡中极为繁盛，大约有二十几户人家，上百号人。小孩子们整日喧闹不已。

夜晚堡中一片漆黑，唯有各家院落中昏暗的灯光闪烁。

一片寂静中，偶尔会传来吵闹声，由于静极，听来极为清晰，是这家人在吵架。

丈夫和妻子吵，丈夫又和儿子吵，隔三差五吵，吵后一切又归于安宁。除了这一家吵架外，很少能听到其他人家吵架声。

多年过去了，堡中大部分人都搬走了，只剩了不多的人还有一些新出生的孩子留守在这一处古堡。

如今那一个院落，随着这家老二的离世，曾经住着二十多口人的院落只剩了一个人在留守。

当夜晚来临时，十几间房屋的院落，只有一人对灯枯坐，也许他们先祖们的鬼魂会在黑魆魆的院落中游荡来陪伴他。

当初他们的祖父辉煌之时，无论如何不会想到，日后他的子嗣会如此凋零。

他们也不会想到，曾费劲心力修筑了如此宽大的院落，有朝一日竟至于无人居住。

自然，一切皆为过客，没有哪一个人可以永久拥有某一件物，谁又能是物的永恒主人呢？

人们也只不过能于短暂存世期间暂时做一回物的主人罢了。

诗 想

阿门（浙江）

一

我是个很俗的人，我相信生命中的缘分，比如诗，比如爱，比如聋——不可选择，无法逃避，难以隐匿。这样的想法，导致了俗人写诗不是为了附庸风雅，而是恪守内心的呼吸，还有疼痛。

打开门，是俗世风景；关上门，是内心风暴。

二

如果写诗是一种雅，我的雅只在夜晚相遇。一个夜晚一杯茶，一个心灵捕手在纸上散步，一个词语建筑师偶尔会用比观音还软的手在键盘上舞蹈。

在很多人眼里，一个人散步或舞蹈太孤独，而我喜欢这样的孤独——不，它是一种浪漫。这辈子，我庆幸把诗搞到了手，浪漫了一把。

三

现在，很多诗人不写诗了，很多爱诗的人不读诗了。但这并不意味着诗歌的消失。

其实，诗歌本身就是艺术中的贵族，不可能所有的人都去接近她。诗歌的独感性和崇高性，决定了不是普通的人能够享受诗歌的馈赠。

能够选择诗歌，作为接近神明的人是有福的。

四

诗人写诗的时候是诗人，诗人不写诗的时候就是人。是人应该学会感恩，好诗可以代替感恩。

始终认为，作家应该用作品说话，而非作品之外感悟一类的唠叨。亲爱的诗歌已代我说了，让门关门吧，阿——门！

炉香静逐游丝转

文蓉（新泽西）

　　"北方大白菜运到南方，系上红绳，美其名曰胶菜"！在我们家乡遍地都是的素心兰，到了美丽国，经由亚马逊，用湿苔藓包起三两株细弱的苗，贴了勾引乡愁的美图，就是刀刀的诛心价！

　　若花草养护得好，也还是值得，毕竟日日看着抽出新枝，绿肥根繁，确是心喜。可惜了好花草落在我手中，命运就是八分靠皮实，二分靠天意了。

　　这是我一直在反省的事。为什么喜花，却拿不出少量的时间来学习养护之道！难道喜欢就是口中物？

　　这个时代不缺少获取知识的渠道，少的是静下来的心。两分钟读完一本名著；五分钟看完一部电影。即使如此，依然二倍速。问君能有几多时，不刷红书刷存感！

　　很多书，看一遍看两遍看三遍看四遍看五遍。一个好段落的描述，作者会把细节藏得很深，一遍看不到的。她（他）不想让你轻易看见。电影也是，话剧也是。作者不屑一目了然的东西。作者要藏，读者要琢磨，一昔读者看懂了作者，拍案叫好，那种痛快，轻易不来。

　　写作更甚。一些地方是通过极细微的动作描述来反应人物内心。比如王熙凤上一刻还在悲切地与秦可卿生死告别，一掀开门帘走出来，就说起这院子里的花极美，为什么？李后主《破阵子》里："最是仓皇辞庙日，教坊犹奏别离歌，垂泪对宫娥。"一代帝王，被俘虏，带离的时候悲伤欲绝，舍不得的却是"宫娥"，为什么敢这么写？若只是理解为李后主耽溺男女情爱，但后人为何对这些堕落君王的词还在追读？我觉得他是单纯耿直的。南唐到了第三代，爷爷打江山，父亲守江山，儿子一出生就活在纸醉金迷里，接触最多的就是这些宫娥，舍不得也自然是她们。他在词里活得很坦白。这是我们喜欢的真实！

这样再回看今朝小视频，二倍速、三倍速的追下去，追来疲惫空虚与迷茫，人会不自省吗！日子过得平实，没有向外扩的欲求，就会慢慢向内探究，虽不知道探究个什么。偶尔多出来的就像宋词里的"闲愁"，又难免会被诟病"为赋新词强说愁"。但这"愁"并不是坏东西，它起码让你暂停飞奔的脚步，它让你静下心来坐看云卷云舒。佛家云"静能生慧"，希望真能多出活着的智慧。

诗歌里写"我想和你虚度时光，比如低头看鱼，比如把茶杯放在桌上，浪费它好看的阴影……"也许这份闲情、闲愁的升起，才是内省的入口。而我们在这个时代里徒然地奔忙，时间久了，人就开始思考哪里出了问题。我猜，这是"慢时代"到来的讯号。

像唐与宋。唐诗里，闲愁、自恋、自怜的东西少。李白、杜甫、白居易，或气吞山河；或悲悯众生；或慨叹皇家。读者也跟着诗句，虽不一定丈剑天涯，目光也锁到了远方。宋朝从开国就有了定调，渴望休养生息。而汴梁的水乡气息让山一样的唐朝慢慢走远，而水的縠纹在宋画里滋养生灵。人走向自我。内在的宇宙，在一花一木间，在一颗草芽的露珠里。现在我也越来越喜欢宋朝，喜爱宋词。这个在政治上远没有唐朝瑰丽豪迈的朝代，却在文化上达到中国历史的巅峰。没有极致细腻的宋人，从何得那前无古人后无来者的"宋汝窑"！

由这两株素心兰的静谧，联想到"炉香静逐游丝转"，就好像笔下这一大篇幅东绕西绕的游思。曲曲折折，又可有可无。

晏殊的"炉香静逐游丝转。一场愁梦酒醒时，斜阳却照深深院。"词句领着读者，依稀可见的书桌，香炉燃着沉香木屑，香气袅袅婷婷，似活动的盆栽。也似我午后的游思。在这样心境下的词人，看见的是"小径红稀、翠叶藏莺"，是高台树色阴阴见。这些光影层次，只有真的静心缓行的人才会去体会的吧。

素心兰是不是能养活我还需努力，但周末因这兰草，午后多出闲情的一笔，心情上而言确确实实有了一份闲适的滋养！

纽约地铁的失物招领

张哲溢（纽约）

"我是个新人"，这样的自我介绍在纽约其实没有多大意义；有的人半生于此来来回回，有的人长居一世却对此陌生。在纽约，很少人会表现出在家乡类似地头蛇般的对一切一手掌握的自信感；这里瞬息万变又一成不变，这里张牙舞爪又沉默内敛，这里社区林立犹如多重寰宇，这里地狱天堂尽在人间。

在哥伦比亚大学短暂的学期中，学校送我几十张地铁卡用于交通；黄色基调的地铁卡上印着蓝色的"Metro Card"字样，背面是一些文字提示；30年前的设计现在看来平淡无奇，但也让人过目不忘；于是刷过之后我并未将其扔掉，想着留作将来用于创作。有了这些地铁卡，我便经常出没于纽约的地下世界。这个城市的公共交通算起来从中国清朝中叶便已通行，地铁成形时还是大清国的末年；如今四百七十多个车站构成了城市交通，线路密布如同蜘蛛巢穴，而绝大部分本地人一辈子都没能走完过所有站台。

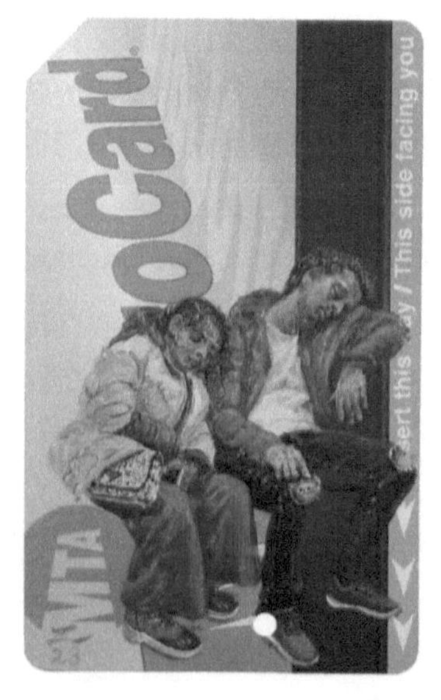

自从第一次走进这不设防、无安检的车站，走进略显老旧车厢里，就有一种很熟悉的感觉。我的生命

特征与这地下世界格外契合，我喜欢看到五色杂糅，也习惯于吸收大量的信息；当见到不同族裔在同一车厢里用多种语言交谈，看到高的、矮的、胖的、瘦的、白的、黑的、纹身的、异装的、斋戒的、打坐的……形形色色的人穿着不同的服饰，保持着不同的精神状态，带着不同的宠物，推着不同的代步工具，在同一车厢里奔向不同的站点，这并不拥挤的客流量与拥挤的信息使我产生出一种舒适感。我在以往居住过的城市里都很少下到地铁，现在想来，也许是在规避乏味吧！

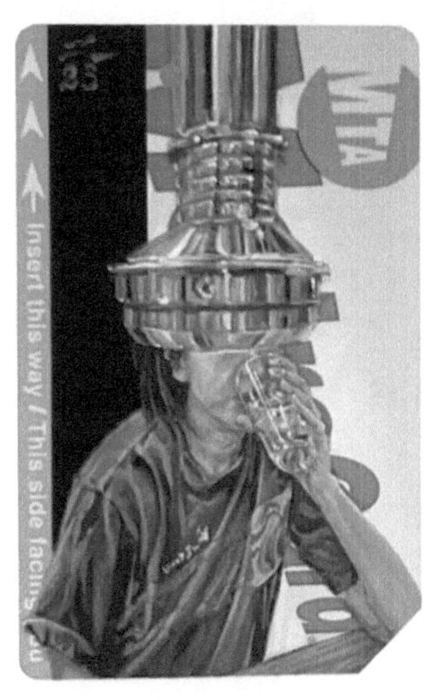

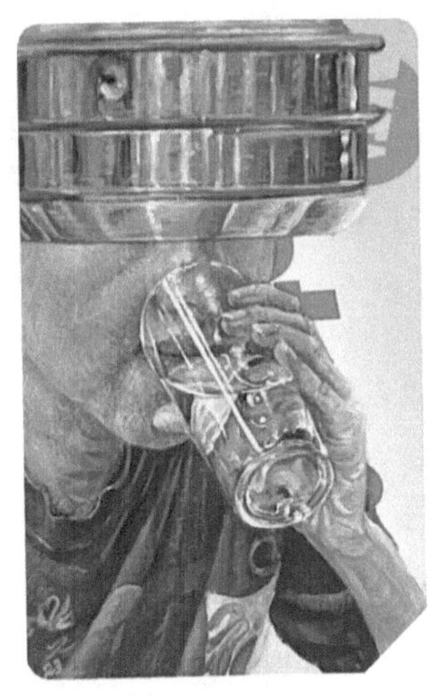

　　地铁里的表演者有的在站台里献唱，更多是走进车厢里来一场快闪；今天偶遇乡村民谣，明天可能是西语吉他对唱、爵士乐萨克斯风、东欧手风琴或是做出高难度动作的劲舞团。我至今还没见过一场糟糕的表演，更没有再次遇到同样的艺术家。一站路程后曲终人散，大家相忘于江湖，若赠予零钱，彼此还能留下些许回甘。地铁里的众生亦可看作是某种奇观，有在车厢里狂练拳击的，常见站立一个小时始终不坐的；不同节庆有不同的侨民拿着外国国旗摇旗呐喊，包括美利坚的敌国；更有大量流浪汉做着莫名其妙的动作发出奇怪的声音，但气味又是同款。地球上任何民族、种族、性别，此刻都在这地下网络中穿行，24 小时无间断。我一个朋友有次喝醉就在地铁座位上睡去，第二天酒醒时已是中午，列车还在运行，身边都是乘客，摸摸身上的东西都没丢，便接着睡，就此体验了一回流浪感。

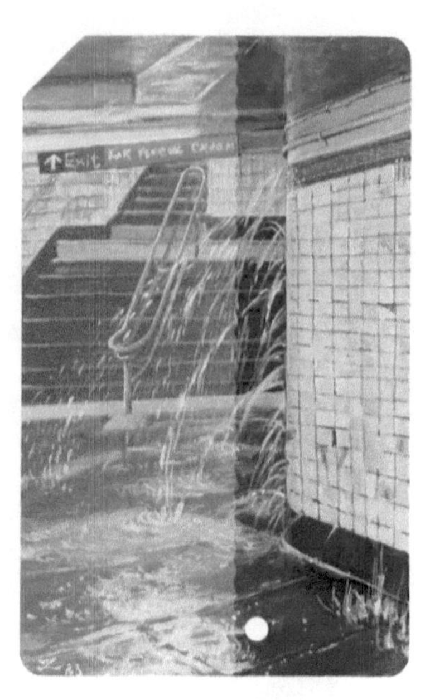

我爱 86 街站台和 42 街时代广场的地下连廊，这两处的镶嵌壁画分别是与艺术家 Chuck Close 和 Nick Cave 合作的，各种细节巧夺天工够我看上大半天。要说最好的地铁建筑当属世贸站，为纪念 911，建筑保持通体洁白，在日常交通中能让乘客体验到某种崇高和神圣感。说到审丑，不远处的 14 街月台立马就能丑给你看，墙壁和天花像两百年没打扫过，硕鼠们悠闲地横行，只觉旁人太过平凡。

有一天，妻子不慎在家摔伤了手臂，我必须照顾她，清洁购物煮茶弄饭都是我分内之事；时间忽然变得零碎，人却又总念叨着画画，想到学校发的地铁卡都还留着，便从中抽出一张，以它为画布，用丙烯颜料画了一枚在泽西城路边被压得扁扁的百事可乐罐。2022 年夏天我看见它躺在地上，待到秋来再坐 Path 线经过时，发现它还躺在那里闪闪发光；几个月人来人往季节更迭是动态的，唯有它保持着静态。

于是我在废弃物（旧地铁卡）上画个废弃物（饮料罐），开启了最近的一个系列。我的童年在中国桂林度过，我集邮并喜爱阅读连环画和艺术画册，印刷品是我早期审美的重要来源。那时，印刷品还带有

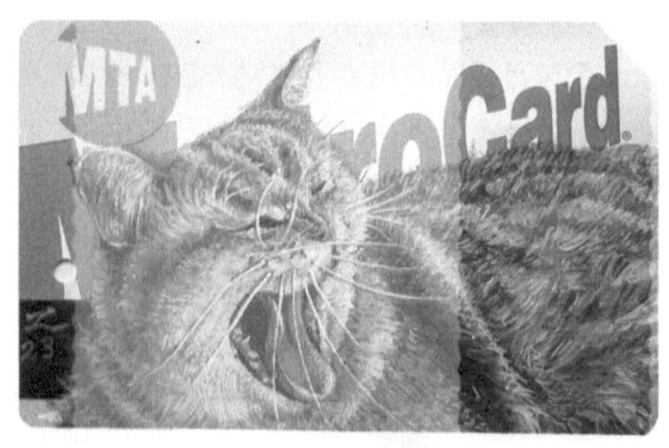

某种权威的意味，几乎所有的印刷工具都隶属于国家机关，印出来的字字句句似乎都天然成立。随着改革开放的逐步放松，才在社会层面涌现出印着花花绿绿的商业刺激，人们左手拿起右手丢弃，又带来巨大的资源浪费和环保压力。早在 1998 年，我就在明信片和其他印刷品上涂鸦，这既能让我享受绘画的快感，又能给我带来破坏印刷品原信息、去除其权威性的快感。2007 年起，我开始在北京 798 艺术区的各种现当代艺术展的宣传卡、邀请函、海报上作画，当时经常是坐在工作台前兢兢业业的点彩，也生发出了一系列的作品，意在运用绘画与印刷品的原内容作一番对话，这就与之前的生猛涂鸦判若两人。来纽约后，我想根据这样的创作惯性再做一些习作，权当自己主线之外的绘画日记；因为地铁卡尺幅很小，我随时可以停下手中的画笔去照顾家人，完事后衔接也比较轻松。自从开启这个系列，顿觉生活更有些趣味；画邻居，画朋友；上天台画夏天的晚霞和初秋的朝阳，逛中央公园画碧波里我不愿意划的船；画下城路边被撞得面目全非的残车，画暴雨之下纽约地铁难以承受的洪灌；画讲台前青年教师不解的

一瞥，画厨房里博学的教授愉快地擦碗；画长岛家中朋友的外甥端着他的枪，画上城公寓里的姑娘抱着她的猫。肆虐新泽西和曼哈顿的斑衣蜡蝉，它吓得行人花枝乱颤，防疫部门建议格杀勿论，我曾踩死无数，也画下一只做个纪念。

奔流赴海的哈德逊河将曼哈顿与泽西城切为两半，河下贯穿着 Path 线地铁，那日列车忽然故障停在了河底隧道；传说中的美国人分分钟都在为自己

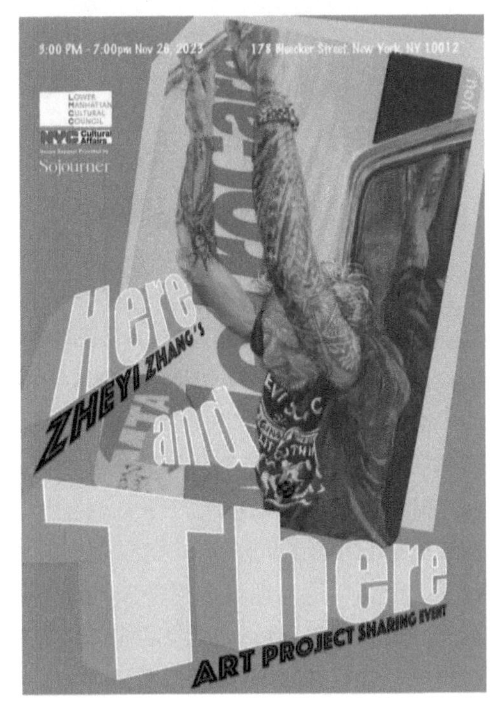

争取权益，动不动就发声投诉示威游行，而现实是：车里人跟没事一样，在静默中度过了半个小时。我面前一位老哥双手挂在列车横杆上竟能沉沉睡去，见他的花臂刺青实在漂亮，便也请进画中。

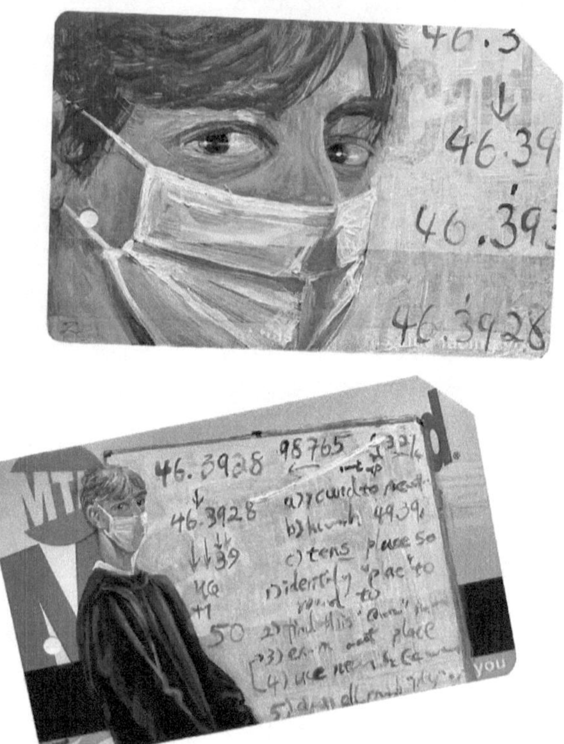

　　地铁轨道上经常躺着一些手套、雨伞、热水瓶或毛线帽。某日寒冬，我来到125街高架桥的月台上，又见一只白色手套掉在下面，像一个温暖的弃儿躺在冰冷的铁道上。我从帆布袋里取出简易画具，开始在地铁卡上对着这个孤独的手套写生。一晃半天过去，刚想洗笔离开，我惊见对面站台高速开来的列车车顶上竟稳稳地站立一人；他姿态轻松，右手还打着响指。这里前一站是哥大正门，那时列车还在地底下；行至半途，地铁忽然冲出地面迅速攀上高架，好似要昂首开向春天；而车厢里有些跃跃欲试的年轻人就会爬上车顶迎风站立，大概幻想自己能像蜘蛛侠那般拯救地球吧。惊讶之余，我不由得再次拿起画笔作一番速写；待到天色微暗忽觉双手冰寒，才想起这天粒米未进、滴水未沾，水壶里的水也都用来调色了；之前的约会早已取消，幸而完成了三张画。我一时兴起，将其中两张画签名后贴在站台的绿色铁柱上；数日后等车时特意看了看那条廊柱，两张画作早已不见；再瞧一眼铁轨，手套仍乖乖的躺在那里。在月台上听说有 14 岁少年爬上车顶后发生意外，撒手人寰，令人唏嘘！坐一号线至 96 街被告知因铁路检修须下车换乘，原来前些天一辆满载 300 人的列车与回送列车发生擦撞导致脱轨，24 人受伤送医，又不由得对这老旧的交通系统感叹一番。

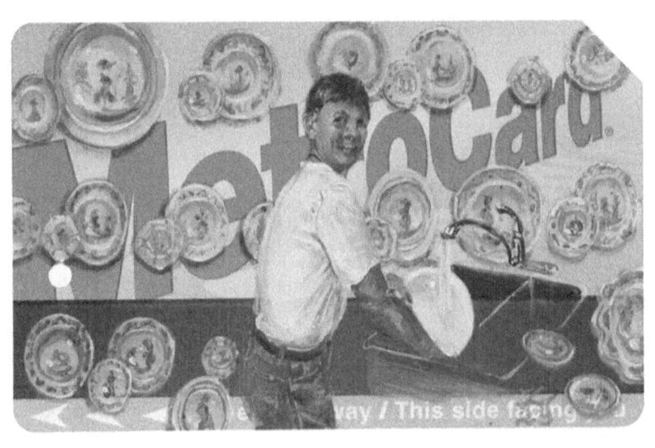

有巴黎的朋友飞来纽约玩，她说："纽约地铁的列车可真丑啊，巴黎的列车漂亮多了，不过地铁嘛倒是一样的乱，法国人还喜欢罢工，就乱上加乱！"我想，难怪有日本游客会得一种叫"巴黎综合症"的心理疾病，因为印象中的美好与现实里的反差会让人产生严重的心理不适，甚至昏倒。想想也是，特吕弗的电影《最后一班地铁》将巴黎末班地铁当作自由的希望，贯穿影片的是爱情。吕克贝松在《地下铁》里也有爱情，他更将巴黎地铁描绘成了年轻人的世外桃源。我猜大概是不存在"纽约综合症"的。在历年来的影视作品里，马丁斯科塞斯那类社会写实派早已把纽约的《穷街陋巷》描绘得淋漓尽致；从 1974 年《骑劫地下铁》开始，各类影片都乐意将纽约地铁反复蹂躏，地球人炸毕外星人又来袭；游客们既然敢走进这里，内心早就经过千锤百炼了。

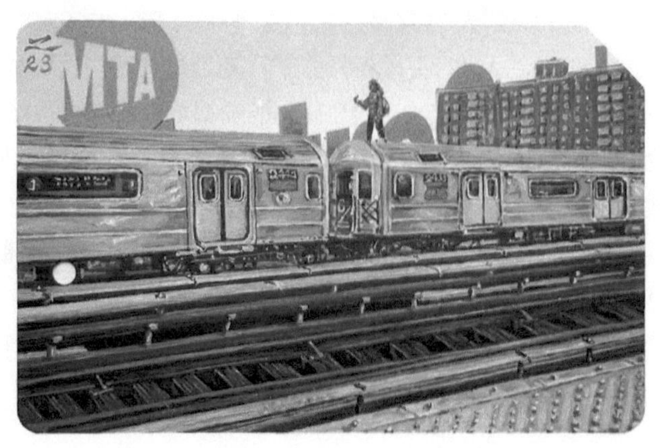

　　刚得知自今年起，使用了 30 年的黄色地铁卡将逐步退场，乘客须改用新的进站方式，这让我的习作又增添了一些纪念意义。随着作品的深入，我在比掌纹更复杂的纽约地铁系统里生发出一条创作的支线；它立意简单，观念直白；也许多年后再看这些作品，会让自己或观者缝合出这些年的记忆碎片。眼下我用两根手指敲击键盘，意图总结出此时的心境，四千余字不免觉得啰嗦，删减至三千余字，就此停笔！

需要一块罗塞塔石碑——访埃及

谢炯（纽约）

2023 年 3 月，从埃及回来后，我一直在想同一个问题：什么是埃及？

吸引世界游客一掷千金，千里迢迢前往的埃及代表的是金字塔、神庙、帝王谷，敢于勾引凯撒大帝和马克·安东尼的女王克里欧派托，而呈现在游客们眼中的却是沙漠中尘埃滚滚的穆斯林大国、遍地清真寺、喧嚣的集市、贫穷饥渴的人民，荒诞冷漠的官僚和趾高气扬的富豪，以及无法承载人口的基础设施。除了一如既往、不紧不慢流过北非大地的尼罗河，今天的埃及和古代的埃及到底有多少重合相似之处呢？

古埃及是个被不同的异族列强用千年征服，改造，最后彻底埋葬的文明。古埃及文字被征服者废弃使用，古埃及信仰被其它信仰替代，连这片土地上的人种也很难说有古埃及血统。你能想象吗？当现代埃及人第一次直面祖先刻在金字塔和神庙墙上美丽神秘的象形文字，他们该有多么沮丧吗？读不懂的故事，理解不了的神训，既近又远的世界。这种深度的沮丧终于在 1799 年被一个法国军人打破。石碑的发现是偶然的，但发现后将石碑保存下来却得益于拿破仑对世界文化的重视和上尉布夏贺对拿坡仑的绝对服从。最终，另一位法国学者以他希腊文字功底，对比了石碑上的三种文字，破译出古埃及国王托勒密五世登基的诏书，才使得失传千年的古埃及文字重见天光。文字是破译了，文明却一去不复返，目光所至，我看到的开罗是个闹哄哄拥有130 万人口的大城市，沙漠色的低矮楼群在废气和沙尘中伸开四肢，匍匐向前，几小块绿洲，如同巨大罩袍上的纽扣。楼群之外便是一望无际的沙漠了。沙漠中，高耸着宏伟的，奇异的金字塔。

我们下榻的索菲特酒店坐落在尼罗河的中央岛 Zamalek 上。酒店有些年份了，外观成旧，房间面临尼罗河，河中央装有五彩的喷泉。酒店的自助餐种类齐全，不少当地的达官贵族衣冠楚楚，也在里面用餐。休憩半刻后，我们开始逛街。酒店外有一家礼品店，我买了一条纯白的围巾。埃及素来以棉织品闻名于世，而金龟据说是金字塔的守卫神。礼品店的伙计二十出头，长相英俊，他一边包礼物一边问我们下午有什么打算。我们告诉他打算去不远处的开罗塔看一看。想不到，他自告奋勇，一定要带我们去。我和尼尔面面相觑，"那么这家店铺怎么办？谁来照看？"年轻人见我们不理解，连比带画，用支离破碎的英文解释了一大通。我理解他的意思是：这家店是他舅舅的，他舅舅不会有意见等等。随心所欲离开工作岗位，这在我们是匪夷所思的。我们婉言回绝后，年轻人很明显地露出失望表情。走出店门，我们内心深处多少感到歉疚，我们是不习惯如此拒绝他人的好意的。没想到，接下去的整个星期中，在遇到无数"热情过度"的埃及人后，我们的歉疚不仅被磨光，而且歉疚中生出一种厌倦。

开罗塔在 Zamalek 岛中央，高 187 米，曾经是北非最高建筑物，据说是埃及独立开国元帅纳赛尔用美国中央情报局贿赂的钱造的。这当然是纳赛尔的刻意之辞，以便树立自己民族英雄的光辉形象。纳赛尔是个厉害的角色，发动七月革命，推翻法鲁克王朝。他掌权后不久就宣布苏伊士运河国有化，动武击沉 44 艘运河上的商船，硬生生将苏伊士运河从英国人手中抢下来。在一群从殖民地独立出来的非洲国家种，埃及是最富有的。纳赛尔继承了苏伊士运河和英国人建造的基础设施，改革土地制度，加快工业化建设，建成阿斯旺水坝，埃及经济一度腾飞。但是，和其它非洲独立国家的命运大同小异，一旦独立的红利分享完毕，埃及面临的是长期的军人独裁，内部腐败和管理不善，人口爆炸，加上宗教的原旨教条化，现代埃及迅速落后于世界，成为一个贫穷的北非大国。我们到达塔顶时，乌云裹着晚霞的金边，开罗如同在黄沙滚滚中喘息的巨兽，尼罗河则是盘踞在巨兽脚趾间的蟒蛇。万里乌云之下，代表古老埃及的金字塔和代表现代埃及的开罗塔对峙着，我感到，他们谁也读不懂谁，哪怕手中有一块罗塞塔石碑。文明的死亡何其令人心痛！从有到无，自古就不如没有，最令人扼腕叹息的是，那个代表辉煌过去的金字塔一直耸立在那里，以一种沉默的伟姿藐视今天的埃及。

第二天，我们走进吉萨。吉萨金字塔群是古代世界七大奇观之一。三座金字塔：胡夫、卡拉夫和孟拉夫，一座狮身人面像。金字塔中的法老的葬品早已被盗窃一空，我们看到的是外部结构。胡夫金字塔是个数学奇迹，底部周长除以高度的两倍，得到的数字为 3.14159，也就是圆周率，而内部的直角三角形各厅室，各边之比为 3：4：5，体现了勾股定理。外墙每块石头都不偏不倚，接缝细密。阿拉伯人认为古埃及人从他们那里偷取了数学的秘密，但也有可能倒过来，历史是个葫芦瓶。胡夫金字塔里铺着木头的甬道，让游客手脚并用，爬到顶头密封的小房间，好奇的游客们蜂拥而上，我感到越到里面，呼吸越是困难，到底金字塔不过是法老的陵墓，洋溢着死亡的气息，此地不得久留。卡拉夫和孟拉夫金字塔不能进入，但站在沙丘上远远望去，比近观更有意思，最值得推崇的是骑骆驼围绕金字塔一圈。埃及政府在吉萨金字塔旁造了个现代化的古埃及大博物馆，据说要取代市中心的博物馆。大博物馆一拖再拖，我们到时，仍然没有开张。昨天下午，我们去了市中心的古埃及博物馆。那是一栋粉红色维多莉亚风格的博物馆，尽管光线暗淡，但藏展品极度丰富，是埃及学研究的大本营。里面最珍贵的藏品为图坦卡门陵墓中发现的 1700 珍品。图坦卡门并不是埃及历史上最著名的法老，死时才 19 岁不到，但陵墓一直埋在地底下，1922 年才被发掘，图坦卡门木乃伊是至今为止发现的最完整的木乃伊，陵墓入口刻有一句家喻户晓的名言："我看见了昨天，我知晓了明天。"和我们中国人所谓的"知古论今"差不多道理。吉萨金字塔群中最受游客青睐的是狮身人面像。狮身人面像的身体为狮子，整个雕像除狮爪外，全部由一块天然岩石雕成，脸是法老卡夫拉遗像，脸已破损，鼻子掉了一大块，据说是拿破仑的将军干的好事，但也可能只是谣言，和这个国家其它的一样，古代的万千轶事都需要一块罗塞塔石碑来破解。

埃及是神秘的。也许，埃及人"看见"了昨天，但是，他们"看清"了昨天吗？

出了吉萨金字塔群，我们去了穆罕默德·阿里清真寺。清真寺和伊斯坦布尔的蓝色清真寺几乎雷同，大圆穹顶被小圆穹顶群围绕着，对角线上两座细长的光塔。清真寺里用了无数乳白色的大理石。一查历史，果然是模仿蓝色清真寺的样式造的。当天，最后到的是哈利利露天市场。阿拉伯国家曾以经商闻名于世，市集也是这些国家最热闹最繁华的公共场所，可以买菜和生活用品，也能买到古董和、首饰和香料。我们转了一圈，几乎所有物品都是当地生产的，在全球化后期，阿拉伯国家不知道建筑了什么样的贸易堡垒抵挡住东方大国成批生产的廉价商品。我在哈利利买了一条蓝玛瑙金龟子手链和一瓶桉树薄荷香精，埃及人收美金，但当地银行挑剔，我们能用的都是全新的 100 美元。古董店老板很殷勤地介绍说，金龟子是太阳神拉（Ra）的象征，因为古埃及人想象着一只巨大的金龟子甲虫每天早晨将太阳球滚过天空，为世界带来希望和光明。

我们此行，选择的是一条经典路线：开罗、卢克索（Luxor）和阿斯旺（Aswan）三点一线，沿着尼罗河谷展开。尼罗河谷是埃及古都底比斯遗址所在地，文物集中，被誉为地球上"最大的露天博物馆"，有保存完好的东岸卢克索神庙，卡尔纳克神庙，西岸的帝王谷，哈采普苏特陵庙，阿斯旺的菲莱神庙和上游的阿布•辛贝勒神庙。

我们到达了第二站阿斯旺。我们下榻的老卡塔内卡塔酒店（Old Cataract Hotel）是尼罗河岸举世闻名的酒店，世界侦探小说女王阿葛莎·克莉斯蒂（Agatha Christie）大名鼎鼎的小说《尼罗河上的惨案》的原型所在地。酒店继承了英国乡村绅士俱乐部的风格，高墙深园，警卫森严，连出租车都无法进入，只能停留在大铁门外，换坐酒店的高尔夫车，穿过棕榈参天，整齐划一的英国花园，到达土耳其圆拱顶风格的大厅。

我们的房间 1202，正对着白帆点点的尼罗河和河中棕榈茂密的象岛，环境颇为优雅。客房宽敞，浴室里装饰着翡翠绿大理石和水晶吊灯。经理说，隔壁 1201 就是阿葛莎·克莉斯蒂住过的房间，问我们要不要参加？1937 年时，她在那里住了一年。《尼罗河上的惨案》出名之后，酒店尽可能将 1201 号房间保存下来，经理指给我们看阿葛莎用来写作的红木书桌和阳台上的藤椅。我在房间里转圈子，看不到阿葛莎的兴奋，却看到了她的厌倦。也许正是她的厌倦使她本能地寻找张爱玲笔下那件"华丽罩袍下爬满的蚤子"吧。我想她每天对着窗外夕阳下点点白帆，想象的却是死亡和人性的悲剧，最终，她的想象成就了《尼罗河上的惨案》，另一本著名的以旅游为背景的小说，托马斯·曼的《威尼斯之死》也是同出一辙。也许，天堂是作家的地狱，当作家寄居在天堂之中时，她能想象的只能是地狱了。

我们的导游胡桑被旅行社"Egypt Tailor Tour"派来接应我们。胡桑四十来岁，个头矮小，小腹微凸，头发油亮，前额有点秃，使他的额头特别凸出。和我们遇到的所有埃及人一样，他也"热情过度"。胡桑非常急于让我们了解他，不到一顿茶的功夫，我们就了解到他是卢克索人，做专业导游已有十多年，本科埃及学出身，家中 4 个女儿，其中一个是抖音网红，因为他收入不高，老婆很不喜欢他。还有，他喜欢跳舞，他不喝酒，等等。他眯起眼睛不断打探，除了事先约定的旅游路线，我们还要什么爱好？想去什么"特别"的地方？我们一一回绝后，他迅速把失望挂在脸上。我只好安慰他说，我们想一下，晚点告诉他。胡桑十分了解神庙和陵墓墙壁上古埃及诸神的故事，我怀疑他是做教师出身的，因为每到一处，他讲完后便开始出题拷问我们。胡桑指着神庙墙上的壁画，踮起脚尖，"这是什么神？拉和阿蒙有什么区别？伊西斯的老公是谁？"古埃及信仰多神论，我实在有点分不清，而尼尔实在不感兴趣众神的区别。胡桑很生气。极少几次，我回答正确，胡桑便高兴地圆睁双眼，"这次对了。"菲莱神庙坐落在尼罗河的岛上，供奉的是爱神伊西斯。肯奥马神庙在一个道路泥泞不堪的小镇中，镇中房屋东歪西倒，破旧不堪。艾迪夫神庙坐落在河岸，风水很好。时值甘蔗丰收季节，路上到处可见农夫坐在堆着高高甘蔗的驴车上，悠悠赶去市集。

参加完毕后，尼尔发现自己是胡桑眼中不及格的差等生，开始抱怨不休，太多的古庙，太多的神明，大同小异，大惊小怪，等等。神经紧张，过度敏感的胡桑悄悄地拉我衣角，"你先生是不是不喜欢我？"我赶紧打圆场，他可能累了。胡桑显然没被说服，他紧皱眉头，脸上乌云重重。新冠结束后，来埃及的游客一直没有恢复到新冠前，特别是来自亚洲的旅游团几近绝迹，而大部分来自欧洲和俄国的游客热衷于去红海之滨的沙滩度假，对尼罗河两岸的神庙缺乏热诚，这些都大大影响了导游的生计，我想他看见我们，自然就会"过度热情"。在他的再三询问下，我建议，下午去棉布店买床单，黄昏时坐帆船（Felucca）去阿斯旺的大市集抽烟筒。胡桑高兴起来，一来一去，他可以多挣$200美金。

我们在阿斯旺住了两晚，第三天，到达卢克索，入住西岸的登及富宫殿（Djorff Palace）。这是一个新开张的酒店，尽管自己号称"宫殿"，周围却都是农田，酒店还在建造之中，我一开窗，满屋尘灰。店主是个头发枯槁，满面皱纹的英国女人，看来上七十了，精力充沛，被手下称为博士。我们问她是什么博士，她说是电子工程博士。博士拥有传奇的一生，早年在肯尼亚和坦桑尼亚游历，参加过水坝的建筑工程，后来认识现在的丈夫，是个埃及建筑师，便跟着来到埃及。她说酒店是她丈夫设计建造的，开张不久。在非洲各国，总是能见到像博士这样四海为家的人，白人也好，东方人也好，我总觉得，非洲是世界冒险家的终极乐园。尼尔问她，有没有见过奇怪有趣的客人？博士哈哈大笑起来，她拉着他走到半开的庭院门口，指指庭院尽头树荫底下的一对游客，女的年轻妖冶，男的白发苍苍。博士用英国人特有的黑色幽默问尼尔，你说，那个女的，小三还是妓女？

尼罗河西岸的景点多数在帝王谷，谁也不清楚帝王谷中到底有多少陵墓，据说只挖掘了三分之一。这里的每座陵墓里都有专人管理，不让胡桑这样的导游进入，我们反而感到轻松。陵墓中的壁画色彩鲜明，字迹清晰，著名的图坦卡门陵墓就是其中的一座。帝王谷中另有哈特谢普苏特神庙，坐落在悬崖峭壁之下，埃及出过两个著名的女人，一个是克里欧派托，另一个就是哈特谢普苏特。她本是国王的长女，从小胆识聪慧过人，嫁给体弱多病的同父异母哥哥图特摩斯二世。二世去世后，哈特为了登基，号称自己是太阳神阿蒙的女儿。凡是在父权社会掌权的女人，总得牺牲些什么。哈特牺牲的是自己的衣服和名字，她开始女扮男装，同时下令所有人用男性代名词称呼她。哈特是个成就非凡的法老，在她的统治下，埃及一度成为商业大国，繁荣富强。但这个英明的女王却过不了情关，据说她爱上一个不忠诚的男人，这男人在她眼皮底下勾搭上她女儿，哈特谢普苏特因此得了抑郁症，她猛吃猛喝，最后过度肥胖而死。她死之后，她的继子登基，出于对女人一度执政的仇恨，毁灭了神庙中她所有的画像。好在聪明的哈特有时候将自己的形象化身在太阳神的身体之上，迫使继子不得不手下留情，否则有得罪神明的嫌疑。我们今天所见到的年轻时代的哈特谢普苏特面容娟秀，雍容大方，气度非凡。

东岸最重要的景点是卢克索神庙和卡尔纳克神庙。卢克索神庙沿街，修着矮墙，里面的古迹从墙外便清晰可见，因为神庙被穆斯林原地取材看，部分翻造成清真寺，是个热闹的具有实际用途的宗教场所，神庙门口的广场上，三五成群坐着晒太阳的人和一长溜的马车。卡尔纳克神庙是所有神庙中最壮观的，神庙内有大小 20 余座神殿、134 根巨型石柱、狮身公羊石像等，气势宏伟，令人震撼。石柱上壁画的颜色已经剥落，古埃及学家们正在逐步修复保存。今天是胡桑陪同我们的最后一天，他发挥了作用，讲解详细，不愿错漏一根石柱。分手时，我们给了他$200 小费，知道我们还会再在卢克索呆两天，他意犹未尽，再三盘问我们的计划。不过，我们并没有任何计划，只是想无所事事地到处闲逛。胡桑眯起眼睛，激动地警告我们说，卢克索不是闲逛的地方。见我们不为所动，他的脸上又挂上了失望。我只好又掏出$100 美金，塞入他手中，再见，胡桑。

登及富宫殿自带码头和机动船前往东岸市中心。我发现，此行所带的唯一一副近视眼镜断了腿，后天行程中我们必须自己驾车，没有眼镜怎么行？黄昏，我们坐船去东岸。东岸的渡口边也是一家酒店，酒店门口一长溜马车。我们挑了一辆，马车夫上了年纪，雪白的头发，笑起来露出缺少的一颗门牙，他的白马也上了年纪，毛皮脱落，瘦不拉几的。他不会英文，但看了看我折断的眼镜架，很快就懂了。他将我们拉到市中心的眼镜店。店里的女孩动作麻利地找到一副替代的眼镜架，只要$10 美金。店里客人众多，换眼镜架需要等二小时，我们要坐在店里等，老马车夫比划着，原来是问我们去哪里用晚餐。我们说，就去来的那家酒店吧。他把我们送到酒店用晚餐，他说他会代我们来领取眼镜后送到酒店门口。酒足饭饱后，我们走出酒店，左右张望，没见马夫和他的老马。真在纳闷时，老马夫从马后的小地毯上站起来，原来他正在祈祷。他看见我们，高兴地舞动双手。眼镜修得天衣无缝，紫色的框子，我戴上后，老马车夫高兴地咧开缺牙的大嘴，当尼尔塞给他$100小费时，他推了几次后才接受，将钱揣进兜里时，他心满意足地笑了。等在渡口，我发短信给登及富宫殿，经理说马上会派船过来。不多时，果然，一条机动船出现在渡口。我们问，是不是登及富宫殿派来的？年轻船夫毫不犹豫地点点头。我们跳了上去。尼尔说，今天很顺利，我很喜欢那个老马车夫。我应和道，是啊，到底也有知足的好人的。马达突突地作响，小船一会儿便到了河心。尼罗河是条狭窄地河，从东岸到西岸，用不了五分钟，我却突然发现这条船开的方向不对，登及富宫殿在上游，船却在往下游走，再仔细一看，船上尽管也挂有彩旗，但彩旗插的方向不对。彩旗中间的高音喇叭也不见了，不由心里一惊，马上大喊停船。我问船夫去哪里？船夫说，你们不是要去西岸的酒店。我问，你知道我们去哪家酒店吗？船夫满不在乎地说，不就是酒店吗？我简直疯了，拜托马上把我们送回东岸。船夫耸耸肩，要$40美金，尼尔还想争执，尼罗河水在月光下发出惨白的光芒，船身摇荡，令我无限恐惧，我掏出钱给船夫。他接过钱，将我们送回东岸。回到东岸，我又打电话给登及富宫殿，经理问我们去了哪里，酒店的船找不到我们，他马上又发船过来将我们接回。回到登及富宫殿，一块石头才算落地。博士在大堂，我们告诉她坐错了船，她讥诮地说，"欢迎来到埃及。"

最后一天早晨，我们又去东岸，想到当地的市集转转。出了渡口，没看见昨天的老马车夫，一群男人涌过来兜售服务，我们摇头，但这些人铁定了心跟在我们后面。我们穿过马路，走到索菲特酒店门口，这时，有个男人从索菲特酒店台阶上走下来，身着绛红色对襟的条纹制服。他悄悄地接近我们，态度温和地问我们去哪里。我们说，去市集。他说他是索菲特酒店的大厨，去市集购买香料，如果我们不愿被人纠缠的话，可以跟他一起去。大厨消瘦，矮小，非常年轻，英文流利。我们问他，在酒店的厨房干什么活，他说他是烤面包的，我们深信不疑，以为又遇到了马车夫那样的好人。市集在卢克索神庙对面，我刚想穿过神庙广场走进市集，大厨拦住我说，不要从这里进去，这里没什么可看，我们从后面穿进去。他迅速而自信地领着我们往前走，然后几个转弯，便到了市场的后面。我发现，大厨穿着一双尖头皮鞋，黑牛皮，暗刻花，鞋头翘起，形状仿佛威尼斯狭窄河道上载客的刚朵拉，不由心中浮现一丝疑惑。脚蹬如此奇特的皮鞋在厨房干活，会不会很累？我们到达的市场极少游客，街两旁开着各种类型的杂货店，店门前，身着黑色长袍的埃及女人挎着包在购物。

大厨将我们领入一家半开面的小香料店。我们已经在开罗政府礼品中心里买了一大瓶艾草薄荷香精，并不想进店，便在店外铺着传统图案毯子的长凳上坐下。店东捧了两杯薄荷茶出来，我们慢慢喝着，大厨不时转到我们面前，请进去看看吧，这家的货色特别好。我们客气的说，你忙你的，我们等你采购香料。午后热烘烘的，我们只管坐在那里翻看手机。大厨进出了几次，不时走进香料店和店东嘀咕，又转出来邀请我们进门。最后，我们终于站起来进入香料店。我挑了一小瓶质量很差的玫瑰露，花了 15 美金。

走出香料店，大厨从香烟壳里掏出另一支烟，我见他手上没有任何香料，便问，你不是来买香料的吗？买完了吗？他含糊其辞地答道，没有我要的。我要左拐走去市集的方向，他却一定让我们跟他走。七弯八拐，路过鞋店和活鸡店，他带我们来到大路口一栋五层楼的商铺。这不就是昨天胡桑已经带我们来过，除了庸俗的仿古品和纸莎草工艺画之外，一无所有的政府礼品中心吗？我抗议道，这里不用进去了，我们已经来过，我们告诉你我们要去市集中心，为什么把我们带到这里来？大厨耸耸肩，看看不要钱。我们不肯进去，要去他把我们带回索菲特酒店。他毫不羞愧地问我们讨钱。我们问他要多少，他说要$100美金。我们不愿给他。他又降到$50美金。他说他已经陪了我们两小时。这下，我火气大了，我本来可以给你，可是你是个骗子，你根本不在索菲特酒店上班，你浪费了我们的时间，你有什么资格要钱？大厨见我态度强硬，既不争，也不吵，只是失望地望了我们一眼，然后一转身，将我们仍在无名的路口。他的尖头皮鞋在古老的街道上发出噔噔的回声。

离开埃及时，我深深地感到，在古老的埃及，人心已不古。她的昨天和她的今天早已割裂，她的明天也无法再从她的过去演算出来，因此，这个国家将面临深刻的震荡，当那一刻到来的时候，我担心的不是胡桑，不是大厨，也不是博士，而是那个憨厚的老马车夫。我知道，我会为他深深的悲哀。

2023 年 12 月 8 日

致　歉

161

编辑部说明：《纽约一行》12 期首批印刷中有一处失误，错把诗人于木的"黑暗中吃苹果"放置在诗人王键的名下了。

特此更正说明，敬请原谅。

www.ingramcontent.com/pod-product-compliance
Lightning Source LLC
Chambersburg PA
CBHW030931060726
47591CB00005B/1749